ATOUTS

3^e

ALLEMAND
(langue vivante 2)

Janine Rozen

Nouveau programme

NATHAN

Atouts, mode d'emploi

Les notions
essentielles

Le sujet
de la séquence

▼ Première double page : savoir et savoir-faire

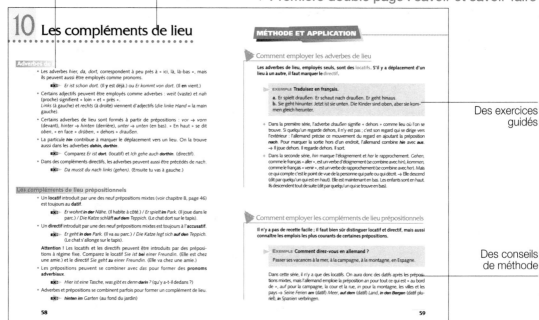

10 Les compléments de lieu

Adverbes de lieu

* Les adverbes *hier, da, dort,* correspondent à peu près à « ici, là, là-bas », mais ils peuvent aussi être employés comme pronoms.
    EX: *Er ist schon dort.* (Il y est déjà.) ou *Er kommt von dort.* (Il en vient.)
* Certains adjectifs peuvent être employés comme adverbes : *weit* (vaste) et *nah* (proche) signifient « loin » et « près ».
    Links (à gauche) et *rechts* (à droite) viennent d'adjectifs (*die linke Hand* = la main gauche).
* Certains adverbes de lieu sont formés à partir de prépositions : *vor → vorn* (devant), *hinter → hinten* (derrière), *unter → unten* (en bas). « En haut » se dit *oben*, « en face » *drüben*, « dehors » *draußen*.
* La particule *hin* contribue à marquer le déplacement vers un lieu. On la trouve aussi dans les adverbes *dahin, dorthin*.
    EX: Comparez *Er ist dort.* (locatif) et *Ich gehe auch dorthin.* (directif).
* Dans des compléments directifs, les adverbes peuvent aussi être précédés de *nach*.
    EX: *Du musst du nach links (gehen).* (Ensuite tu vas à gauche.)

Les compléments de lieu prépositionnels

* Un **locatif** introduit par une des neuf prépositions mixtes (voir chapitre B, page 46) est toujours au **datif**.
    EX: *Er wohnt in der Nähe.* (Il habite à côté.) / *Er spielt im Park.* (Il joue dans le parc.) / *Die Katze schläft auf dem Teppich.* (Le chat dort sur le tapis.)
* Un **directif** introduit par une des neuf prépositions mixtes est toujours à l'**accusatif**.
    EX: *Er geht in den Park.* (Il va au parc.) / *Die Katze legt sich auf den Teppich.* (Le chat s'allonge sur le tapis).
    Attention ! Les locatifs et les directifs peuvent être introduits par des prépositions à régime fixe. Comparez le locatif *Sie ist bei einer Freundin.* (Elle est chez une amie.) et le directif *Sie geht zu einer Freundin.* (Elle va chez une amie.)
* Les prépositions peuvent se combiner avec *das* pour former des **pronoms adverbiaux**.
    EX: *Hier ist eine Tasche, was gibt es denn darin ?* (qu'y a-t-il dedans ?)
* Adverbes et prépositions se combinent parfois pour former un complément de lieu.
    EX: *hinten im Garten* (au fond du jardin)

58

MÉTHODE ET APPLICATION

Comment employer les adverbes de lieu

Les adverbes de lieu, employés seuls, sont des *locatifs*. S'il y a déplacement d'un lieu à un autre, il faut marquer le *directif*.

> **EXEMPLE Traduisez en français.**
> a. Er spielt draußen. Er schaut nach draußen. → Er geht hinaus.
> b. Sie geht hinunter. Jetzt ist sie unten. Die Kinder sind oben, aber sie kommen gleich herunter.

* Dans la première série, l'adverbe *draußen* signifie « dehors » comme lieu où l'on se trouve. Si quelqu'un regarde dehors, il n'y est pas ; c'est son regard qui se dirige vers l'extérieur : l'allemand précise ce mouvement du regard en ajoutant la préposition *nach*. Pour marquer la sortie hors d'un endroit, l'allemand combine *hin* avec *aus*. → Il joue dehors. Il regarde dehors. Il sort.
* Dans la seconde série, *hin* marque l'éloignement et *her* le rapprochement. *Gehen,* comme le français « aller », est un verbe d'éloignement (se combine avec *hin*), *kommen,* comme le français « venir », est un verbe de rapprochement (se combine avec *her*). Mais ce qui compte c'est le point de vue de la personne qui parle ou qui décrit. → Elle descend (dit par quelqu'un qui est en haut). Elle est maintenant en bas. Les enfants sont en haut. Ils descendent tout de suite (dit par quelqu'un qui se trouve en bas).

Comment employer les compléments de lieu prépositionnels

Il n'y a pas de recette facile ; il faut bien sûr distinguer locatif et directif, mais aussi connaître les emplois les plus courants de certaines prépositions.

> **EXEMPLE Comment direz-vous en allemand ?**
> Passer ses vacances à la mer, à la campagne, à la montagne, en Espagne.

Dans cette série, il n'y a que des locatifs. On aura donc des datifs après les prépositions mixtes, mais l'allemand emploie la préposition *an* pour tout ce qui est « au bord de », *auf* pour la campagne, la cour et la rue, *in* pour la montagne, les villes et les pays → *Seine Ferien am* (datif) *Meer, auf dem* (datif) *Land, in den Bergen* (datif pluriel), *in Spanien verbringen.*

59

Des exercices
guidés

Des conseils
de méthode

Des exercices de
difficulté progressive

▼ Deuxième double page : entraînement

▼ Troisième
double page :
vocabulaire
et évaluation

EXERCICES

LES COMPLÉMENTS DE LIEU

1 À l'aide des mots proposés, noms et verbes, trouvez la bonne préposition pour construire des petites phrases sur le modèle de l'exemple suivant :

Ex. : *Wagen, Straße, stehen → Der Wagen steht auf der Straße.*
Attention ! Les verbes *ankommen* (arriver), *landen* (atterrir) et *sich verstecken* (se cacher) sont suivis de locatifs.

a. Mutti, das Kind, ein Stuhl, setzen →
b. Karl, sein Schlafzimmer, gehen →
c. Sophie, das Sofa, schlafen →
d. Sara, um drei Uhr, der Bahnhof, an
e. Vati, der Wagen, die Garage, stelle
f. Mein Freund, im Sommer, Italien, f
g. Das Mädchen, der Baum, sich verst

2 Posez la question correspond
a. Stefans Eltern haben ein Ferienhau
b. Ich gehe jetzt zur Post.
c. Petra ist zum Schwimmbad gegan
d. Oben auf dem Schrank steht ein
e. Wir fahren jeden Sonntag aufs Lan

3 Traduisez les phrases suivantes
a. Da er vom links sitzt, muss er sich i
b. Sie müssen an der nächsten Kreuz Straße rechts, da sehen Sie schon die F

60

4 Dans le texte suivant, trouvez chaque fois la bonne préposition et, quand c'est nécessaire, le cas qui convient :
a. Herr Gärtner muss .... Flughafen (aéroport).
b. Er fliegt um elf Uhr .... Paris.
c. Er packt schnell ein paar Sachen .... sein .... Koffer und holt seinen Wagen
d. .... Garage.

EXERCICES

LES COMPLÉMENTS DE LIEU

vocabulaire
Lawinen in den Alpen (Erster Teil)

*Im Februar 1999 haben riesige **Lawinen** in den Alpen mehrere Dörfer **vernichtet** und Dutzende von Menschen **getötet**.*
*Die deutsche **Wochenzeitschrift** Stern von Donnerstag, dem 18. (achtzehnten) Februar berichtet über die Lawine in Montroc :*

RAPHAËL IN MONTROC

Hier, in diesem Chaos, muß irgendwo das Elternhaus von Raphaël gestanden haben. Hier inmitten der **ehemaligen** Siedlung Montroc, am östlichen Ende des **Tals** von Chamonix.
Das **Unglück** kam am Dienstag vergangener Woche über das Tal von Chamonix, als die Lawine sechzehn Chalets der Siedlung unter sich **begrub** und **mindestens** zwölf Menschen in den **Tod** riss. Raphaël hatte morgens um halb acht noch **versucht**, in die Schule in Argentière zu **gelangen**. Aber es war kein **Durchkommen**. Die Straße ins Tal war gesperrt. Höchste Lawinengefahr. **Einheimische** schickten den **unerschrockenen Buben** zurück nach Hause. Zurück zu seinen Eltern. Zu seinem Vater Daniel, der als „Pisteur" seit fünfundzwanzig Jahren **für** die **Sicherheit** der Skifahrer im Wintersportgebiet „Les Grands Montets" **verantwortlich** war. Raphaël ist ein exzellenter Skifahrer. Das hat er vom Vater gelernt, der ihm auch hundertmal erklärt hatte, wie er **sich verhalten** soll, wenn er **jemals** in eine Lawine **geraten** sollte.
An eine Lawine am **Hang gegenüber** von Montroc hat niemand gedacht. Ein Wald mit Hunderten von **15 bis 20 Meter hohen Tannen bot** natürlichen **Schutz** für die Siedlung. Seit einundzwanzig Jahren war hier keine Lawine mehr heruntergekommen.

1 Il y a dans ce texte dix-sept compléments de lieu. Trouvez-les et classez-les.

Locatifs	Directifs

2 Répondez aux questions.
a. Wo lag die Siedlung Montroc ?
b. Wieviel Menschen starben in der Lawine ?

c. Was hatte Daniel seinem Sohn Raphaël erklärt ?

d. Wie hoch waren die Tannen gegenüber von Montroc ?

test .../20

1 Trouvez la bonne préposition et complétez par le cas qui convient.
a. Siebzehn Chalets verschwanden (disparurent + locatif) .... d .... Lawine.
b. Raphaëls Haus stand .... d .... Siedlung Montroc.
c. Raphaël wollte .... d .... Schule aber die Straße, die .... Argentière führt, war gesperrt.
d. Raphaël kann sehr gut Ski fahren, weil er .... d .... Berg .... wohnt.
e. Ich bin noch nie .... d .... Berg .... gegangen, ich wohne .... d .... Land.

.../10

2 Traduisez en allemand, en vous inspirant du texte de la page 62.
a. La route de la vallée était barrée à cause du risque d'avalanche.
b. J'espère que tu ne seras jamais pris dans une avalanche.
c. En face du village (la préposition *gegenüber* se construit avec le datif), il y a une forêt de centaines d'arbres.
d. Au milieu du lotissement disparu (*ehemalig*), il y a maintenant un monument (*das Denkmal*).
e. On n'avait pas vu d'avalanche sur ce versant depuis quatre-vingt-onze ans.

62

Un
d'évalua

Des exercices
variés

En fin d'ouvrage, les corrigés avec des conseils, un guide grammatical et un lexique

Sommaire

ISBN 2 09 182637-5
© Éditions Nathan 1999
9, rue Méchain - 75014 Paris

1 L'apposition
Le génitif des noms propres

L'apposition

- L'apposition se met au même cas que le nom auquel elle se rapporte.

  EX: *Ich habe mit einem Freund,* **einem Engländer**, *telefoniert.* (J'ai téléphoné à un ami, un Anglais.)

  Ici *einem Engländer* est au datif, comme *einem Freund*, auquel il est apposé.

- Attention ! Le cas n'est pas toujours marqué.

  EX: *Ich habe mit* **Steve**, *einem englischen Freund, telefoniert.*

  Le nom propre, Steve, ne porte pas la marque du cas.
  Il faut donc savoir qu'il est au datif à cause de la préposition **mit** pour que l'apposition soit correcte.
  Il faut également connaître la déclinaison du groupe article + adjectif + nom (voir le guide grammatical, page 92).

Le nom propre au génitif

- Le **s** est la marque du génitif du nom propre, qu'il soit masculin ou féminin.

  EX: *Stefan ist Petra**s** Bruder* ou *Petra ist Stefan**s** Schwester.*

  Si le nom propre se termine par **s**, **tz** ou **x**, le **s** du génitif est remplacé par une apostrophe : *Marcus' Schwester ; Karl Marx' Theorie.*

  Le nom propre au génitif peut être placé à gauche ou à droite du nom qu'il complète :

  EX: *Frankeich**s** Hauptstadt ist Paris* (génitif « saxon ») ou *Paris ist die Hauptstadt Frankreich**s**.*

- Lorsque le nom propre complément est à droite du nom qu'il complète, on utilise aussi fréquemment la préposition *von* au lieu du génitif.

  EX: *Das ist Petra**s** Pullover* ou *Das ist der Pullover von Petra.*

- Mais dans les journaux, on trouve beaucoup de noms propres au génitif à droite du nom complété.
  Ils sont souvent précédés d'un titre, comme *Doktor, Professor, Bundeskanzler* (chancelier), qui, lui, n'est pas décliné.

  EX: *Bundeskanzler Kohl**s** Rede* (le discours du chancelier Kohl) ou *die Rede Bundeskanzler Kohl**s**.*

  Attention ! Lorsqu'un nom propre au génitif est précédé de *Herr* (Monsieur), *Herr* conserve son **n** de masculin faible.

  EX: *Herr**n** Meier**s** Wagen (la voiture de M. Meier).*

Comment décliner une apposition

Repérez d'abord la fonction, donc le cas, **du nom auquel elle est apposée, puis mettez l'apposition au même cas, en veillant à sa déclinaison.**

> **EXEMPLE Transformez la seconde proposition en apposition.**
>
> **a.** Stefan spricht mit Jean-Yves ; Jean-Yves ist ein Franzose.
> **b.** Das Kind hat ein neues Spielzeug ; es ist ein kleiner Affe.

◆ Pour la première phrase, vous savez que la préposition *mit* est suivie du datif et que *der Franzose* est un masculin faible prenant un **n** à tous les autres cas qu'au nominatif singulier. → *Stefan spricht mit Jean-Yves, ein**em** Franzos**en**.*

◆ Dans la seconde phrase, *ein neues Spielzeug* est un complément d'objet à l'accusatif. L'apposition, qui se compose d'un article, d'un adjectif et d'un nom masculin faible, sera donc à l'accusatif. → *Das Kind hat ein neues Spielzeug, ein**en** klein**en** Affe**n**.*

Comment employer le génitif des noms propres

Pensez à la terminaison **-s du nom propre au génitif, ou à l'apostrophe selon les cas.**

> **EXEMPLE Assemblez question et réponse en une seule phrase avec un génitif.**
>
> **a.** Wem gehört dieser Mantel ? Jean-Yves.
> **b.** Wem gehört dieses Haus ? Es gehört Herrn und Frau Müller (= elle appartient à M. et Mme Müller).
> **c.** Wem gehört dieses Haus ? Es gehört den Müllers (= aux Müller).

◆ Dans la première phrase, Jean-Yves se termine par un **s** qui n'est pas prononcé. On n'ajoute pas d'autre **s** mais on va prononcer le **s** final à l'oral et ajouter une apostrophe à l'écrit. → *Das ist Jean-Yves' Mantel.*

◆ Dans la deuxième phrase, on ajoute simplement un **s** à Müller. → *Das ist Herrn und Frau Müller**s** Haus.*

◆ Dans la troisième phrase, il y a déjà un **s** qui sert à mettre le nom de famille au pluriel. On ajoutera donc une apostrophe. → *Das ist Müllers' Haus (= das Haus der Familie Müller).*

1 Complétez les phrases suivantes par les terminaisons qui conviennent :

a. Wir haben ein........ neu........ Englischlehrer, ein........ jung........, groß........ Mann.

b. Ich wohne in Paris, ... Hauptstadt Frankreichs.

c. Wir kommen vom Schwimmbad zurück, d........ neu........ Hallenbad (= piscine couverte).

d. D........ rot........ Wagen gehört Herr........ Frank, d........ Nachbar.

e. Kennst du den Namen d........ neu........ Schüler........, d........ klein........ Blond........ ?

2 Transformez la seconde proposition en apposition.

a. Frau Gärtner hat heute einen Gast. Er heißt Herr Kunze.

....

b. Petra geht mit Stefan ins Kino. Stefan ist ihr Bruder.

....

c. Ich bin an einem Montag geboren. Es war der dreizehnte März.

....

d. Stefans Vater stammt aus (= est originaire de) Lüneburg. Lüneburg ist eine schöne kleine alte Stadt in der Nähe von Hamburg.

....

....

e. Oma hat einen Pullover für Petra gestrickt (= tricoté). Petra ist ihre Enkeltochter.

....

....

3 Traduisez les phrases suivantes en allemand :

a. Bonjour, est-ce que vous avez le *Stern*, un journal allemand ?

....

b. Achète-lui un jouet, une petite voiture électrique.

....

c. Peux-tu me prêter un livre ? Un roman (*der Roman*) pour le voyage ?

....

4 Complétez les phrases suivantes par les terminaisons qui conviennent :

a. Stefan........ Freunde kommen zu sein........ Geburtstag.

b. Hannover ist d........ Hauptstadt Niedersachsen........

c. Niedersachsen ist eins d........ sechzehn Länder Deutschland........

d. Spielberg........ Filme sind weltbekannt (= connus dans le monde entier).

e. Wie heißt die Hauptstadt Portugal........ ? Lissabon.

5 Assemblez question et réponse en une seule phrase avec un génitif.

a. Wessen Wagen ist das ? Herr Doktor Müller hat Ihn neulich gekauft.

➡ Das ist ....

b. Wem gehört diese Wohnung ? (den) Gärtners.

➡ Das ist ....

c. Wer hat diesen neuen Roman geschrieben ? Günter Grass.

➡ Das ist ....

d. Wer steht auf diesem Bildnis (= ce portrait) ? Kaiser Wilhelm (= l'Empereur Guillaume).

➡ Das ist ....

e. Wer hat den Brief geschrieben ? Tante Effi.

➡ Das ist ....

6 Traduisez les phrases suivantes en allemand :

a. La valise *(der Koffer)* de Jean-Yves n'est pas très lourde *(schwer)*.

....

b. As-tu le numéro de téléphone de Sara ? Peux-tu me le donner ?

....

c. Jean-Yves montre à ses amis allemands des photos de toute sa famille.

....

....

d. Monsieur Smith, le nouveau professeur d'anglais de Petra, est très gentil.

....

7

vocabulaire
·············
Am Bahnhof

Jean-Yves, ein junger Franzose, sitzt im **Zug** nach Hannover ; er fährt zum ersten Mal zu Stefan, seinem deutschen **Brieffreund**. Er weiß, dass Stefan ihn am Bahnhof **abholen** wird.

Es ist dreizehn Uhr fünfzehn. Der Zug kommt in Hannover an. Jean-Yves nimmt seinen **Koffer** aus dem **Gepäckfach** heraus und **steigt aus** dem Wagen. Auf dem **Bahnsteig** wird er von Stefan **angesprochen** :
– „Guten Tag ! Bist du Jean-Yves ?
– Ja, guten Tag Stefan !
– Na, wie war die Reise ?
– Sehr interessant, ich habe ein deutsches Mädchen **kennen gelernt**. Sie hat einen französischen **Vornamen** ; sie heißt Sara.
– Aber Sara ist kein französischer Name ; er steht schon in der **Bibel** ! Ist sie aus Hannover ?
– Nein, sie ist in Stadthagen ausgestiegen. Sie wohnt dort.
– Es ist gleich in der **Nähe**.
– Ja, ich habe sie nach ihrer Telefonnummer gefragt.
– Das war **klug** von dir ! Wir können sie mal besuchen. Komm ! Gib mir den Koffer her !
– Danke, ich kann ihn schon selber tragen ; er ist nicht so **schwer**. **Entschuldige** ! Kommen wir **an einem Schalter vorbei** ? Ich habe schon meinen **Fahrschein** für die **Rückfahrt**, aber ich möchte **mich nach** den **Abfahrtszeiten erkundigen**.
– Wir werden im **Fahrplan nachschauen**. Hier am Schalter dauert es eine **Ewigkeit**. Wir fahren jetzt mit Onkel Klaus' Wagen nach Hause, weil mein Vater **erst** morgen von einer **Geschäftsreise** zurückkommt."

① **Lisez attentivement le texte et répondez aux questions.**

a. Um wieviel Uhr kommt Jean-Yves in Hannover an ?

....

....

b. Wer holt ihn ab ? Wo holt man ihn ab ?

....

....

② **Complétez en retrouvant les mots du texte.**

Jean-Yves hat ein Mädchen .... Sara ist kein französischer .... Er steht

schon in der .... Stefans Vater ist nicht da ; er macht eine ....

test .../20

1 **Répondez aux questions suivantes :**

a. In welchem Zug sitzt Jean-Yves ?

....

b. Was liegt im Gepäckfach ?

....

c. Mit wessen Wagen fährt Stefan seinen Freund nach Hause ?

....

note /6

2 **Complétez le texte suivant par les prépositions qui conviennent :**

Als der Zug .... Bahnhof ankommt, steigt Jean-Yves .... dem Wagen.

.... dem Bahnsteig trifft er seinen Freund Stefan. Sie fahren dann .... Hause.

note /4

3 **Transformez le groupe introduit par *von* en génitif saxon.**

a. Der Koffer von Frau Schulze → ....

b. Die Rede von Herrn Professor Mayer → ....

c. Der Mantel von Marcus → ....

d. Der Freund von Stefan Gärtner → ....

note /4

4 **Traduisez les phrases suivantes :**

a. J'ai reçu une lettre de Karla, ma correspondante allemande.

....

b. Il faut que je me renseigne sur les heures de départ pour Berlin.

....

c. As-tu demandé à Sara son adresse ? ....

note /6

2 Genres et nombres

Les genres des noms

- Un nom composé prend toujours le genre du terme situé le plus à droite.

  EX: *das Haus, die Tür* → **die** *Haustür* (la porte d'entrée)

- Les infinitifs substantivés sont toujours neutres.

  EX: *essen* (manger) → *das Essen* (le repas)

- Sont également toujours au neutre : les diminutifs se terminant par les suffixes *-chen* ou *-lein*.

  EX: *die Hand* → **das Händchen** (la petite main, la menotte)
  der Tisch → **das Tischlein** (la petite table)

- Sont toujours féminins les substantifs qui se terminent par les suffixes suivants : *-heit*, *-keit*, *-schaft*, *-ung*.

  EX: *die Freiheit* (la liberté), *die Dankbarkeit* (la reconnaissance), *die Freundschaft* (l'amitié), *die Wohnung* (l'appartement).

- Le genre des êtres animés correspond presque toujours à leur sexe (*der Mann, die Frau*).

- Les phénomènes météorologiques (*Wind, Regen, Donner*) et les pierres (*Stein, Diamant*) sont au masculin.

- Les métaux que l'on trouve à l'état pur (*Gold, Silber, Platin*) et de nombreux corps chimiques (*Chlor, Gas*) sont neutres.

- La plupart des arbres sont féminins (*die Tanne* = le sapin, *die Eiche* = le chêne).

Les marques de pluriel

- La **terminaison -e** peut être précédée de l'inflexion de la voyelle. Elle concerne la majorité des noms masculins et neutres, mais aussi quelques féminins.

  EX: *der Schuh (e), der Stuhl (̈e), das Schiff (e), die Nacht (̈e).*

- La **terminaison -(e)n,** jamais précédée de l'inflexion de la voyelle, est la marque du pluriel de tous les masculins faibles, ainsi que de la majorité des noms féminins : *der Junge (n), die Schwester (n), die Wohnung (en).*

- L'**absence de marque** de pluriel n'empêche pas forcément l'inflexion de la voyelle ; elle concerne les masculins et les neutres se terminant en *-el, -er, -en*.

- La **terminaison -er** peut être précédée de l'inflexion. Elle concerne une douzaine de masculins et un grand nombre de neutres : *der Mann (̈er), das Kind (er).*

- La **terminaison -s** sert à former le pluriel de certains mots d'origine étrangère, comme *das Kino (s), das Auto (s), das Sofa (s).*

Comment retenir le genre des noms

Examinez la forme du substantif : s'agit-il d'un nom composé, d'un infinitif substantivé, d'un nom dérivé à suffixe ? Examinez également son sens.

> **EXEMPLE** **Justifiez le genre des substantifs suivants :**
>
> **a.** die Fensterscheibe (la vitre) ; die Einladung (l'invitation) ; das Mädchen.
> **b.** der Vater (¨), der Freund (e), der Schüler (-), die Lehrerin, das Pferd (le cheval).

◆ Dans la première liste, le premier est un nom composé au féminin parce que *Scheibe* est féminin ; le deuxième est féminin à cause du suffixe *-ung* ; le troisième est neutre à cause du suffixe *-chen* bien qu'il s'agisse d'un être animé féminin ; la forme du mot prime sur son sens. ➜ Il faut donc examiner la forme d'un mot, avant d'examiner son sens.

◆ Dans la seconde liste, il s'agit d'êtres animés. Le genre des quatre premiers correspond bien à leur sexe, conformément à la règle : père, ami et écolier sont masculins, institutrice (ou professeur femme) est féminin, mais *Pferd* est neutre : c'est une exception ! Ce n'est pas la seule. ➜ À vous de noter les régularités et les exceptions pour retenir plus facilement le genre des mots !

Comment retenir le pluriel des noms

Il faut d'abord connaître le genre du nom **pour savoir de quel type de substantif il s'agit. S'agit-il d'un masculin faible ? D'un masculin ou d'un neutre terminé en** *-el, -en, -er* **? D'un féminin ?**

> **EXEMPLE** **Classez les pluriels des substantifs suivants :**
>
> das Fenster ➜ die Fenster ; das Land ➜ die Länder ; das Meer ➜ die Meere ; der Morgen ➜ die Morgen ; der Affe ➜ die Affen ; der Schrank ➜ die Schränke ; die Bank ➜ die Bänke ; die Mutter ➜ die Mütter.

◆ Terminaisons habituelles :
(¨er) pour les mots neutres, comme *Land* ;
(-) pour les mots neutres et masculins en *-er* et *-en*, comme *Fenster* et *Wagen* ;
(n) pour les masculins faibles, comme *Affe* ;
(e) et (¨e) pour des mots neutres, masculins ou féminins, comme *Meer, Schrank, Bank*.

◆ Exceptions : le féminin *Mutter* (¨), qui d'ailleurs fait son pluriel comme *die Tochter* (¨).

1 Donnez le genre et le pluriel, en toutes lettres, des substantifs suivants :

Ex. : D....... Kind → das Kind, die Kinder

a. D....... Tisch, die ....

b. D....... Zimmer, die ....

c. D....... Haus, die ....

d. D....... Bett, die ....

Que remarquez-vous ?

....

2 Donnez le genre, la marque de pluriel et le sens des substantifs suivants :

a. D....... Süßigkeit (.......) → ....

b. D....... Landschaft (.......) → ....

c. D....... Arbeit (.......) → ....

d. D....... Gewohnheit (.......) → ....

e. D....... Einladung (.......) → ....

f. D....... Freundin (.......) → ....

Qu'est-ce qui caractérise ces noms ?

....

3 Trouvez les exemples demandés.

a. Trois masculins faibles : ....

b. Trois noms composés : ....

c. Trois neutres prenant la marque -**er** au pluriel : ....

4 Donnez le genre, le pluriel et le sens des noms suivants :

a. D....... Finger (.......) → ....

b. D....... Mauer (.......) → ....

c. D....... Maurer (.......) → ....

d. D....... Mutter (.......) → ....

e. D....... Nummer (.......) → ....

Qu'ont-ils en commun ? Cela suffit-il pour expliquer leur genre ?

....

5 Classez par deux les substantifs suivants, en justifiant votre classement :

Ex. : *der Bruder* et *der Vater* sont deux masculins (êtres animés du sexe masculin) terminés par -*er* et donc sans autre marque de pluriel que l'inflexion de la voyelle.

Der Löwe (n), der Garten (¨-), der Wein (e), die Nacht (¨e), das Sofa (s), der Fußballplatz (¨e), die Bank (¨e), der Film (e), die Fete (n), das Auto (s), der Mechaniker (-), das Jahr (e), das Brot (e), der Engländer (-), die Familie (n), der Franzose (n), der Mantel (¨), der Fotoapparat (e).

a. ....

b. ....

c. ....

d. ....

e. ....

f. ....

g. ....

h. ....

i. ....

6 Mettez tous les éléments des phrases suivantes au pluriel :

a. Der Lehrer liest ein Buch.

....

b. Ich habe keine Blume gefunden, ich habe einen Kuchen gekauft.

....

....

c. Die Frau gibt dem Kind ein Bild.

....

d. Mein Freund spielt Fußball (*Fußball* reste au singulier).

....

e. Der Nachbar repariert sein Haus.

....

f. Der Deutsche ißt zum Frühstück gern ein Ei.

....

....

vocabulaire
·············
Einkaufen

Jean-Yves will seinen Eltern, seinem Bruder und seinen Freunden **Geschenke** nach Frankreich **mitbringen.** Er geht mit Stefan und Petra in ein großes Kaufhaus. Es gibt da sehr viele **Sachen** zu kaufen, und **vieles** sieht genauso aus wie in einem französischen Kaufhaus. Seinem Bruder möchte er eine CD mitbringen, mit den neuesten deutschen Hits. Sie gehen also in die **Musikabteilung.** Jean-Yves läßt sich von Stefan **beraten.** Stefan findet die CDs im Kaufhaus zu **teuer** und sagt :
– „Ich kenne ein Geschäft, wo die CDs viel **billig**er sind. Wir werden **nachher** dort **hingehen.**"

Für seine Mutter wird er vielleicht Lübecker **Marzipan** kaufen, oder ein schwarzes **Vollkornbrot**. In der Konditorei-Abteilung fragt er die Verkäuferin :
– „Was kostet das Brot hier ?
– Fünf Mark.
– Und das Stück Marzipan ?
– Eine Mark zwanzig."

Jean-Yves **prüft nach**, ob er noch genug **Taschengeld** bei sich hat. Er **reicht** der Verkäuferin einen Zehn-Mark-**Schein** und sie gibt ihm drei Mark achtzig zurück. Er will auch seinem Vater etwas kaufen. Er geht von einer Abteilung zur anderen und kann sich nicht **entscheiden**. Stefan fragt ihn :
– „Mag dein Vater denn keine **Süßigkeiten** ?
– Doch, sehr gern sogar !
– Dann kannst du ihm das Marzipan geben.
– Da hast du recht. Ich kaufe aber ein zweites Stück, denn ich weiß nicht, ob meine Mutter das Schwarzbrot essen wird.
– Du magst es selber nicht so sehr.
– Na ja, ich **gewöhne** mich daran, und Schwarzbrot findet man bei uns nicht."

1 Lisez le texte et répondez aux questions.

a. Wohin geht Jean-Yves mit seinen deutschen Freunden ? Warum ?

....

b. Wieviel Geld hat Jean-Yves bei sich ? Warum kauft er keine CD in dem Kaufhaus ?

....

....

2 Complétez avec des mots du texte.

In einem großen Kaufhaus gibt es viele .... Marzipan ist eine ....

Jean-Yves hat sich an das Schwarzbrot ....

test .../20

1 **Mettez les phrases suivantes au singulier :**

a. Die Schüler müssen sich Bücher kaufen.

....

b. Die Freunde, die ihr bei mir kennengelernt habt, spielen alle gern Fußball.

....

c. Die Kaufhäuser schließen um 19 (neunzehn) Uhr.

....

d. Die Nachbarn sind mit ihren Fahrrädern zum Dorf gefahren.

....

note /10 ☐

2 **Classez par deux les dix substantifs suivants en expliquant ce qu'ils ont en commun :**

die Stadt (¨e), die Rede (n), das Kaufhaus (¨er), die Woche (n), der Kaiser (-), die Hand (¨e), die Ferien, das Schulbuch (¨er), die Sachen, der Morgen (-).

....

....

....

....

note /5 ☐

3 **Traduisez en allemand.**

a. Il y a beaucoup de choses dans ce magasin ; je n'arrive pas à me décider.

....

b. J'ai donné cinq marks à la vendeuse ; elle ne m'a rendu que vingt pfennigs.

....

note /5 ☐

3 La détermination du nom

À gauche du nom

- L'allemand forme beaucoup de **noms composés** dans lesquels le nom principal (ou base) est souvent déterminé (= précisé) par un autre nom : *die Haustür* (la porte d'entrée), *das Haustier* (l'animal domestique), *die Hausaufgaben* (les devoirs à faire à la maison). On peut aussi trouver un adjectif à gauche dans le nom composé : *der Schnellzug* (le (train) rapide, l'express), *das Hochhaus* (l'immeuble).

- Les **adjectifs épithètes** se situent à gauche du nom et se déclinent (voir page 92) : *junger Mann* (jeune homme), *junge Männer* (des jeunes gens).
  À partir des noms de ville, l'allemand forme des **adjectifs invariables**, toujours terminés par -er : *die Berliner Straßen* (les rues de Berlin ou berlinoises).

- À gauche du groupe épithète + nom se trouvent les **déterminatifs**.

Article défini	*der, die, das*
Article indéfini	*ein, eine*
Démonstratifs	*dieser, diese, dieses* ou *jener, jene, jenes*
Possessifs	*mein, dein, sein, ihr*, etc.
Génitif saxon	*Peters Buch* (voir chapitre 2)
Quantificateurs	*alle* (tous), *jeder* (chaque), *kein* (aucun), *viele* (beaucoup)

Attention ! Certains déterminatifs se déclinent comme *der, die, das* : *dieser* et *jener*, *jeder* (au singulier), *alle* et *keine* (au pluriel). D'autres comme *ein* : les possessifs et *kein* (au singulier). D'autres comme des adjectifs : *einige* (quelques), *viele*.

À droite du nom

- On peut trouver, à la droite du nom, trois sortes d'éléments qui le complètent :
  – un **complément de nom au génitif** : *ein Brief meines Freundes* (une lettre de mon ami) ;
  – un **groupe prépositionnel** : *die Lektion von heute* (la leçon d'aujourd'hui), *der Zug nach Berlin* (le train pour Berlin) ;
  – une **relative** : *Der Mann, **den** ich gefragt habe, war ein Ausländer.* (L'homme que j'ai interrogé était un étranger.)

  Rappel : le pronom relatif a le genre et le nombre de son antécédent (ici, masculin singulier) et le cas correspondant à sa fonction dans la relative (ici, accusatif parce que COD de *fragen*). Il se décline comme l'article *der, die, das*, sauf au génitif (masculin et neutre : *dessen* ; féminin et pluriel : *deren*) et au datif pluriel (*denen*).

- Certains noms peuvent également être déterminés à droite par **une infinitive** ou par **une complétive**.

▶ Comment décliner le groupe article + adjectif + nom

Soyez attentifs aux désinences des adjectifs**. Quand les épithètes suivent l'article défini, les désinences sont « faibles » :** *-en* **partout, sauf aux trois nominatifs singulier et aux accusatifs singuliers féminin et neutre, qui prennent un** *-e* **(voir page 92). Quand il n'y a pas de déterminatif ou que le déterminatif n'a pas de marque, l'adjectif prend les désinences « fortes », qui sont celles de l'article** *der, die, das*.

> **EXEMPLE Trouvez les bonnes désinences.**
>
> **a.** Dies........ klein........ Hund bellt sehr laut. (Ce petit chien aboie très fort.)
>
> **b.** Ich habe viele nett........ Freunde. (J'ai beaucoup d'amis sympathiques.)

- ◆ Dans la première phrase, le démonstratif *dies...* a les mêmes marques fortes que l'article défini ; l'adjectif qui suit a donc une marque faible ; il s'agit d'un nominatif masculin singulier. → *Dieser kleine Hund bellt sehr laut.*

- ◆ Dans la seconde phrase, *viele* se comporte comme un adjectif ; l'adjectif qui suit a donc la même désinence ; comme il n'y a pas de déterminatif portant une marque forte, cette désinence est la marque forte de l'accusatif pluriel. → *Ich habe viele nette Freunde.*

▶ Comment construire une relative

Les relatives **sont des** subordonnées **; elles sont donc toujours précédées d'une virgule et le verbe conjugué se trouve à la fin. Pour choisir** le bon pronom relatif**, faites attention au genre et au nombre de l'antécédent, ainsi qu'au cas correspondant à la fonction du pronom dans la relative.**

> **EXEMPLE Trouvez le bon pronom relatif.**
>
> **a.** Das ist der neue Wagen, ... mein Vater gekauft hat.
>
> **b.** Der Stift, mit .... du schreibst, gehört mir. (Le crayon avec lequel tu écris est à moi)

- ◆ Dans la première phrase, *Wagen* est un masculin, ici au singulier, COD (accusatif) de *kaufen*. Le pronom relatif est donc un accusatif masculin singulier. → *... der neue Wagen,* **den** *mein Vater gekauft hat.*

- ◆ Dans la seconde phrase, *Stift* est un masculin, ici au singulier. Il est repris dans la relative par un pronom relatif combiné avec la préposition *mit*, toujours suivie du datif ; le pronom relatif est donc au datif. → *Der Stift, mit* **dem** *du schreibst, gehört mir.*

1 Trouvez les bonnes désinences. S'il n'y en a pas, complétez par Ø.

a. D....... Hund spielt mit d....... klein....... Kind. D....... klein....... Kind lacht.

b. Ich habe dies....... alt....... Mann gestern schon gesehen.

c. In all....... französisch....... Schule....... arbeiten d....... Kinder auch am Nachmittag.

d. An jen....... schön....... Sommertag waren wir schwimmen gegangen. (= Par cette belle journée d'été, nous étions allés nager.)

e. Kannst du dies....... elegant....... Dame sagen, daß sie ihr....... Hut verloren hat ?

f. Peter....... klein....... Bruder ist krank.

g. Das war ein....... schön....... Abenteuer. (*das Abenteuer* = l'aventure)

h. Der Hamburg....... Hafen ist d....... größt....... Hafen Deutschlands. (= Le port de Hambourg est le plus grand port d'Allemagne.)

2 Trouvez le mot composé (avec son genre, son pluriel et son sens) que l'on peut former à partir des deux éléments qui sont donnés.

Ex. : *das Haus, die Tür* → *die Haustür (n)* (= la porte d'entrée, la porte de la maison)

a. Die Schule, das Buch → ....

b. Der Zahn, die Bürste → ....

c. Der Sport, die Lehrerin → ....

d. Der Mittag, das Essen → ....

e. Der Fußball, das Spiel → ....

f. Das Kino, die Karte → ....

3 Le premier élément d'un nom composé n'est pas toujours un autre nom ; c'est parfois un adjectif, comme dans *Schnellzug* (train express), parfois un radical de verbe, comme dans *Fahrkarte* (billet pour voyager).
Essayez d'identifier le premier élément des noms composés suivants :

a. Der Rauchwagen → ....

b. Der Nichtraucher → ....

c. Die Großstadt → ....

d. Das Schwarzbrot → ....

e. Das Schlafzimmer → ....

f. Das Frühstück → ....

g. Das Fernsehen → ....

4 Trouvez le bon pronom relatif.

a. Ich habe einen Freund, d........ russisch spricht und einen (Freund), d........ Mutter Italienerin ist.

b. Das Essen, d........ wir zu Mittag bekommen haben, hat sehr gut geschmeckt.

c. Die Menschen, d........ wir nach dem Bahnhof gefragt haben, wussten nicht, wo der Bahnhof liegt. (= Les gens à qui nous avons demandé où était la gare ne savaient pas où elle se trouvait.)

d. Den Mann, nach d........ Sie fragen, kennen wir nicht.

e. Die Schule, in d........ ich gehe, liegt leider ziemlich weit entfernt. (= L'école où je vais est malheureusement assez éloignée).

f. Das ist die Stadt, in d........ ich geboren bin. (= C'est la ville où je suis né.)

5 Essayez de traduire en allemand.

a. L'ami de ma sœur que tu as vu hier est un bon joueur de football.

....

b. Connais-tu cette école allemande dont il parle ? (Attention ! « dont » complète ici le verbe « parler de »).

....

c. Il a acheté deux nouveaux livres.

....

d. Le film que j'ai vu hier n'était pas très bon.

....

6 Essayez de traduire en français.

a. Das Haus, an dem wir vorbeigegangen sind, ist das Haus eines Freundes von meinem Vater.

....

b. Welche deutschen Zeitungen kennst du ? Ich kenne keine.

....

c. Das Taschengeld, das ich bei mir habe, reicht nicht für ein Essen im Restaurant. Es reicht höchstens für eine Wurst und ein Brötchen.

....

....

d. Wie heißen die Leute, bei denen du deine Ferien verbracht hast ?

....

vocabulaire
. . . .
Alltag

Stefan möchte gern jeden Tag Fußball spielen, aber das geht nicht. Er kann es nur am **Wochenende**. An den anderen Tagen muss er **früh aufstehen, duschen, frühstücken, Zähne putzen**, in die Schule gehen. Dann muss er oft **Hausaufgaben machen** und manchmal **fällt** sogar das Fußballtraining am Samstag **aus**, weil er zuviel Arbeit hat, oder weil er **erkältet** ist. Der Alltag **nimmt** viel Zeit **in Anspruch**.

An manchen Tagen aber gibt es Kleinigkeiten, die den Alltag zum **Abenteuer** machen. **Neulich** zum Beispiel hatte die Französichlehrerin ihre **Brille** vergessen. Sie konnte nicht lesen, so dass sie **sich** die ganze Stunde mit den Schülern nur **unterhalten** hat. Es war eine nette **Unterrichtsstunde**.

Jean-Yves war **dabei**. Sie hat ihm viele **Fragen** über den Alltag in Frankreich **gestellt**. Jean-Yves wohnt in Paris und geht in ein Pariser **Gymnasium**. Dort isst er zu Mittag in der Kantine. In den deutschen Schulen gibt es keine Kantinen. Es gibt manchmal eine Cafeteria, die die Schüler selbst **verwalten**, und die deutschen Schüler essen in den Pausen **belegte Brote**. In Frankreich braucht Jean-Yves keine belegten Brote in die Schule **mitzu**nehmen. **Dafür** hat Jean-Yves nachmittags viel mehr **Stunden** als die Deutschen.
– „Wie **schmeckt** das Essen in der Kantine ?" fragte die Lehrerin.
– „Ganz gut", antwortete Jean-Yves, „aber die **Akustik** ist dort sehr schlecht, es ist sehr **laut**, man kann sich schlecht unterhalten."

Dann sollte er der deutschen Klasse auf Französisch von seiner **Freizeit** erzählen.
Jean-Yves sagte :
– „Mir geht es wie Stefan. Ich möchte auch mehr Freizeit haben. Am Samstag spiele ich Tennis. Ich **fahre** auch oft **Rollschuh**.
– Aber **diesmal** spielst du mit mir Fußball", sagte Stefan.

1 Lisez le texte et répondez.

Warum kann die Französichlehrerin nicht lesen ? Was macht sie, anstatt zu lesen (= au lieu de lire) ?

....

2 Classez les mots et expressions suivants dans la bonne colonne :

sich die Zähne putzen, Fußball spielen, schwimmen,

belegte Brote oder in der Kantine essen, frühstücken,

Rollschuh laufen, duschen, sich anziehen, aufstehen,

tanzen, ins Kino gehen, ins Bett gehen, arbeiten,

Romane lesen, sich die Hände waschen, fernsehen.

Alltag	Freizeit

test .../20

1 Identifiez l'élément déterminant dans les noms composés suivants :

a. Der Regenmantel → ....

b. Die Unterrichtsstunde → ....

c. Der Rollschuh → ....

d. Die Freizeit → ....

e. Die Hausaufgabe → ....

f. Das Wochenende → ....

g. Das Wohnzimmer → ....

h. Das Weißbrot → ....

note /**8** ☐

2 Complétez par les bonnes désinences.

a. Stefan hat vergessen, sein....... belegt....... Brote mitzunehmen. Er kauft sich in d....... Pause einig.......
frisch....... Brötchen.

b. Er kann mit sein....... alt....... Brille nicht mehr gut lesen. Er muss sich ein....... neu....... machen lassen.

c. Wer hat dir dies....... schön....... Rollschuhe gekauft ? Mein....... Großeltern wollten mir ein.......
neu....... Fahrrad kaufen, aber ich wollte lieber neu....... Rollschuhe haben.

note /**8** ☐

3 Complétez par le pronom relatif qui convient.

a. Jean-Yves antwortet auf die Fragen, d....... Stefans Lehrerin ihm stellt.

b. Jean-Yves' Vater hat das ganze Marzipan aufgegessen, d....... Jean-Yves aus Deutschland mitgebracht hatte.

c. Das ist genau der Film, von d....... du mir erzählt hast.

d. Die Deutschen, mit d....... ich gesprochen habe, waren alle sehr nett.

note /**4** ☐

4 Le verbe

Conjugaison

Il existe en allemand environ 150 **verbes forts** (dont la principale caractéristique est que la voyelle du radical change au prétérit), des verbes faibles, plus nombreux et plus récents, et quelques verbes irréguliers (voir page 90).

L'indicatif

- Au présent, les verbes forts et faibles ont les mêmes terminaisons : **-e, -st, -t, -en, -t, -en**.

- Au prétérit, le radical des verbes faibles est suivi de la marque **-te-**, celui des verbes forts change de voyelle. Les désinences du prétérit sont : **Ø, st, Ø, en, t, en.**

Le participe passé

- Il se forme avec le préfixe **ge** + radical + **t** pour les verbes faibles, et **g** + radical + **en** pour les verbes forts : *gekauft* (fb), *gegeben* (ft).

- Le préfixe *ge-* disparaît lorsque le verbe est précédé des préfixes *-be, -emp, -ent, -er, -ge, -miss, -ver, -zer* ou lorsqu'il s'agit d'un verbe en *-ieren*, comme *reparieren*.

Le subjonctif

- Il existe deux formes : le subjonctif I et le subjonctif II. La marque du subjonctif est un **-e** qui s'ajoute au radical du présent pour le subj. I, et au radical du prétérit pour le subj. II. Au subj. II des verbes forts, les voyelles *a, o, u,* s'infléchissent et deviennent *ä, ö, ü*. Les désinences sont les mêmes que celles du prétérit : **Ø, st, Ø, en, t, en.**

    EX: *er komme* = 3^e pers. sg. subj. I ; *er käme* = 3^e pers. sg. subj. II.

- Le subjonctif I sert essentiellement dans le discours indirect et le subjonctif II dans l'expression de la condition : *Wenn ich reich wäre...* (Si j'étais riche...)

La place du verbe

- Dans une phrase déclarative, le verbe conjugué est toujours à la deuxième place. Si c'est un auxiliaire, le participe ou l'infinitif sont à la fin de la proposition.

    EX: *Er ist heute nicht gekommen. Morgen kann er kommen.*

- Dans une interrogative « globale » (= lorsque la réponse est « oui » ou « non »), le verbe occupe la première position.

    EX: *Hast du deine Ferien in Deutschland verbracht ?*

- Dans une subordonnée, le verbe conjugué se place à la fin de la proposition.

    EX: *Ich weiß, dass er seine Ferien in Deutschland verbracht hat.*

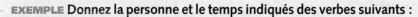

▶ Comment conjuguer un verbe

L'important est de bien connaître la conjugaison du présent et du prétérit. **Il faut apprendre par cœur les verbes forts avec leurs changements de voyelle.**

> ▶ **EXEMPLE Donnez la personne et le temps indiqués des verbes suivants :**
>
> **a.** La 2ᵉ pers. du sg. du présent de *fahren, halten, nehmen, machen, sein.*
> **b.** La 3ᵉ pers. du sg. du prétérit de *tragen, kommen, sein, kaufen, arbeiten.*
> **c.** La 2ᵉ pers. du pl. du passé composé de *schreiben, sein, wohnen, reparieren, bezahlen, laufen.*

◆ Dans la première liste, n'oubliez pas que le *e* de *nehmen* devient *i* et qu'en plus, le *h* tombe, la consonne est redoublée. Le verbe *sein* (être) est complétement irrégulier. → *Du fährst, du hältst, du nimmst, du machst, du **bist**.*

◆ Dans la deuxième liste, n'oubliez pas qu'au prétérit, pour ajouter *-te* à *arbeiten*, dont le radical se termine déjà par un *t*, il faut garder un *e* entre les deux *t*. → *Er trug, er kam, er **war**, er arbeit**ete**.*

◆ Dans la troisième liste, *reparieren* et *bezahlen* ne prennent pas de *-ge* au participe II. Les verbes transitifs se conjuguent avec l'auxiliaire *haben* et les intransitifs de mouvement avec l'auxiliaire *sein* (+ le verbe *sein* lui-même, et *bleiben*). → *Ihr habt geschrieben, ihr seid **gewesen**, ihr habt gewohnt, ihr habt repariert, ihr habt bezahlt, ihr seid gelaufen.*

▶ Comment savoir où placer le verbe

Demandez-vous de quel type de phrase **il s'agit.**

> ▶ **EXEMPLE Transformez les phrases suivantes :**
>
> **a.** En subordonnée interrogative introduite par *ich frage dich, ob...* :
> – Hast du den Kölner Dom (= la cathédrale de Cologne) schon gesehen ?
> **b.** En mettant l'élément souligné en tête de phrase :
> – Ja, ich habe gestern sechs Stunden Unterricht (= six heures de cours) gehabt.

◆ Dans la première phrase, l'auxiliaire conjugué passe après le participe II dans la subordonnée → *Ich frage dich, ob du den Kölner Dom schon gesehen hast.*

◆ Dans la deuxième, quel que soit l'élément qui se trouve en premier, le verbe reste en 2ᵉ position dans la déclarative. Mais attention : l'interjection avant la virgule (ici *Ja*) ne fait pas partie de la phrase → *Ja, gestern habe ich sechs Stunden Unterricht gehabt.*

1 Mettez les formes verbales suivantes au prétérit, sans changer la personne :

a. Er schläft ➡ ....

b. Wir essen ➡ ....

c. Ihr seid ➡ ....

d. Ihr arbeitet ➡ ....

e. Sie gehen ➡ ....

f. Du zahlst ➡ ....

2 Mettez les phrases suivantes au passé composé, puis au présent :

a. Anna frühstückte, putzte ihre Zähne, wusch sich die Hände, zog ihren Mantel an und ging in die Schule.

....

....

....

b. Stefan kam nach Paris, blieb drei Wochen, entdeckte viel Neues (= découvrit beaucoup de nouvelles choses) und fuhr nach Hannover zurück.

....

....

c. Jean-Yves kaufte viele Geschenke und gab sein ganzes Geld aus (= dépensa tout son argent).

....

....

3 Transformez les phrases en utilisant l'impératif.

Ex. : *Kannst du bitte zu mir kommen ?* ➡ *Komm bitte zu mir !*

a. Kannst du sie bitte anrufen ? ➡ ....

b. Ihr sollt euch die Hände waschen. ➡ ....

c. Wir müssen in die Schule gehen. ➡ ....

d. Kannst du mir bitte helfen ? ➡ ....

e. Kannst du mir bitte die Tasche abnehmen ? ➡ ....

f. Ihr sollt euch beeilen. ➡ ....

g. Wir müssen doch warten. ➡ ....

h. Du sollst nicht so schnell laufen. ➡ ....

4 Transformez les phrases suivantes en interrogatives :

a. Stefan holt Jean-Yves am Bahnhof ab.

....

b. Alle Kinder putzen sich jeden Morgen die Zähne.

....

c. Das ist Frau Müllers neuer Mantel.

....

5 Posez la question correspondant aux éléments soulignés, au moyen des interrogatifs suivants : *wann, wo, wohin, wie, was*.

a. Petra hat sich ein neues Kleid gekauft. → ....

b. Er fährt nächsten Sommer nach Köln. → ....

c. Er fährt nächsten Sommer nach Köln. → ....

d. Sie spricht sehr gut Deutsch. → ....

e. Seine Mutter arbeitet in einem Kaufhaus. → ....

6 Placez l'élément souligné en tête de phrase et rattachez la 2ᵉ proposition à la première.

a. Ich weiß jetzt, dass… / Deutschland besteht aus sechzehn Ländern.

....

b. Ich will ihn morgen fragen, ob… / er kommt mit uns ins Schwimmbad.

....

c. Du fragst ihn heute Abend, wie… / er hat das Auto repariert.

....

7 Transformez ces phrases en subordonnées de condition introduites par *wenn*, en formant un subjonctif II.

a. Ich fahre nach Rom → Wenn ich ....

b. Er ist groß → ....

d. Ich schreibe meiner Freundin → ....

e. Ich habe Zeit → ....

f. Das Auto ist schon repariert → ....

vocabulaire
· · · · · · · · · · ·
Die neue Freundin

Sara ist in Aachen **in den Zug eingestiegen**. Sie hatte einen sehr schweren Koffer ; das Gepäckfach war schon sehr voll, es gab nur noch ganz **oben** einen Platz. Jean-Yves **bot** ihr seine Hilfe **an**, er nahm ihr den schweren Koffer ab und legte ihn ins Gepäckfach. Da murmelte Sara etwas, das Jean-Yves nicht verstand. Er sagte : „Entschuldige, ich habe nicht verstanden, du musst langsamer sprechen, ich bin Franzose."

Sara sah ihn **verwundert** an und sagte : „Du kannst aber gut Deutsch, ich habe nur „danke" für deine Hilfe gesagt, aber ich spreche meistens zu **leise,** das hat man mir schon oft **vorgeworfen**. Woher kommst du ?
– Aus Paris."

Jetzt wurde Sara **neugierig**. Sie hatte viel über Paris gehört, war aber noch nie dort gewesen. Sara ist **schüchtern** aber trotzdem sehr **kontaktfreudig**. Sie fragte :
– „Wo sitzt du denn ? Ich bin auf Platz 34 (vierunddreißig).
– Es gibt noch einige freie Plätze. Komm, setzen wir uns", antwortete Jean-Yves. „Fährst du in **Urlaub** ?
– Nein, ich komme gerade aus dem Urlaub, ich fahre jetzt nach Hause zurück, ich muss bald wieder in die Schule. Ich war mit Freunden in Holland. Wir sind über 200 (zweihundert) Kilometer **Rad gefahren**. Kannst du in Paris Rad fahren ?
– Viele Straßen sind zu **schmal ;** das Radfahren ist wegen der vielen Autos oft sehr **unangenehm**. Da fahre ich lieber Rollschuh."

Sara schien sportlich zu sein. Das gefiel Jean-Yves. Er versuchte, etwas mehr über ihre **Interessen** zu **erfahren**.
– „Bist du traurig, dass du wieder in die Schule musst ?" fragte er sie.
– „Nein, im Gegenteil, ich freue mich, meine Freunde und meine Lehrer wiederzusehen.
– Was ist dein **Lieblingsfach** ?
– Ich habe mehrere : Fremdsprachen, aber auch Deutsch, Bio (Biologie), Sport, nur in Mathe (Mathematik) bin ich nicht so gut."

1 Retrouvez dans ce texte et dans celui du chapitre 1 (page 8) les expressions allemandes correspondant aux expressions françaises suivantes :

monter dans le train ; descendre du train ; mettre sa valise dans le casier à bagages ; prendre sa valise dans le casier à bagages.

2 Classez les adjectifs suivants selon qu'ils conviennent à Jean-Yves ou à Sara :

neugierig, schüchtern, hilfsbereit, kontaktfreudig, sportlich.

test .../20

1 Mettez les phrases suivantes au présent :

a. Sara sah ihn verwundert an. Sie wurde neugierig.

....

b. Sie schien sportlich zu sein. Das gefiel ihm.

....

c. Er hat ein deutsches Mädchen kennengelernt. Wie ist er mit ihr in Kontakt gekommen ?

....

d. Sie war mit Freunden in Holland. Sie sind viel Rad gefahren.

....

note /8 ☐

2 Placez l'élément souligné en tête de phrase en mettant les verbes au prétérit.

a. In dem Zug nach Hannover hat Jean-Yves ein deutsches Mädchen kennengelernt.

....

b. Sara ist in Aachen in den Zug eingestiegen.

....

c. Das Radfahren ist wegen der vielen Autos oft sehr unangenehm.

....

note /6 ☐

3 Donnez le participe passé des verbes suivants :

a. sein ....   **b.** vorwerfen ....

c. schreiben ....   **d.** essen ....

e. verkaufen ....   **f.** einsteigen ....

note /6 ☐

5 L'auxiliaire *werden*

Werden + infinitif

- **Cette construction sert à exprimer le futur**. Le futur n'est employé en allemand que lorsqu'il est vraiment nécessaire.

  EX: *Wird er seinen Hund wieder schlagen ? Nein, er wird es nicht tun.* (Battra-t-il encore son chien ? Non, il ne le fera pas) mais pour traduire « Viendra-t-il demain ? », on peut se contenter du présent : *Kommt er morgen ?*

- **Conjugaison de *werden* au présent** : *ich werde, du wirst, er wird, wir werden, ihr werdet, sie werden* (impératif : *werde !*).

- **Remarque :** *Werden* + adjectif sert à exprimer un changement progressif.
  Er wird alt = il vieillit ; *es wird spät* = il se fait tard ; *mir wird kalt* = je commence à avoir froid ; *er ist gestern sechzehn geworden* = il a eu seize ans hier.

Werden + participe II

- Cette construction sert à former le passif. Le passif est beaucoup plus employé en allemand qu'en français, notamment pour exprimer l'indéfini ou une action en train de se dérouler.

  EX: *Eine neue U-Bahnlinie wird gebaut.* (**On** construit une nouvelle ligne de métro.)
  Das Museum wird restauriert. (Le musée est en cours de restauration.)

- **Attention !** Ne confondez pas le passif avec *werden* et les formes passives avec *sein*, qui décrivent un état de choses.

  EX: « Ce chien est battu » signifie « Quelqu'un bat ce chien » → L'allemand dira : *Dieser Hund **wird** geschlagen.* Mais « Ce jouet est cassé » est la constation d'un résultat, même si quelqu'un l'a cassé, l'action n'est plus exprimée. → *Dieses Spielzeug **ist** zerbrochen.*

Werden au subjonctif II + infinitif

Dans ce cas, *werden* est **l'auxiliaire du conditionnel**. Le subjonctif II se forme à partir du prétérit. Bien que *werden* soit un verbe fort, son prétérit a la particularité d'être terminé par un -e. (L'ancien prétérit *ward* est devenu *wurde*). Il suffit d'ajouter l'inflexion pour avoir le subjonctif II → *würde*.

EX: *Ich würde kommen* = je viendrais ; *ich würde warten* = j'attendrais (ne pas confondre avec le futur *ich werde warten* = j'attendrai).

Quand employer le futur avec *werden*

L'allemand n'utilise le futur que lorsqu'il est nécessaire pour comprendre la phrase.

> **EXEMPLE Traduisez en allemand.**
>
> **a.** Je n'irai jamais voir une corrida (*der Stierkampf*).
> **b.** Je t'apporterai ce livre quand je viendrai te voir.

♦ Dans la première phrase, le futur est nécessaire parce que le présent serait ambigu (il pourrait signifier « je n'y vais jamais mais j'aimerais y aller »). ⟶ *Ich werde nie zu einem Stierkampf gehen.*

♦ Dans la principale de la seconde phrase le futur est possible, mais pas obligatoire ; il est en revanche impossible dans la subordonnée. ⟶ *Ich werde dir das Buch bringen* (ou *Ich bringe dir das Buch*)*, wenn ich zu dir komme.*

Quand employer *werden* au subjonctif II dans le conditionnel

Vous utiliserez la forme en *würd...* avec les verbes faibles dans la subordonnée et avec tous les verbes, sauf *sein, haben* et les auxiliaires de mode, dans la principale.

> **EXEMPLE Faites de la deuxième proposition la condition de la première.**
>
> **a.** Er kann sich ein Auto kaufen. Er ist reich genug.
> **b.** Er nimmt nicht den Bus. Er kauft sich ein Auto.
> **c.** Er fährt schnell. Er nimmt den Bus.

♦ Dans la première phrase, avec les verbes *können* et *sein*, on emploie un subjonctif II sans auxiliaire. ⟶ *Wenn er reich genug wäre, könnte er sich ein Auto kaufen.*
Remarque : on peut également supprimer *wenn* ; le verbe de la subordonnée prend alors la première place. ⟶ *Wäre er reich genug, könnte er sich ein Auto kaufen.*

♦ Dans la deuxième phrase, le verbe *kaufen* va se trouver dans la subordonnée ; comme c'est un verbe faible, on emploie le subjonctif II avec auxiliaire. On l'emploie également pour *nehmen*, bien que ce soit un verbe fort, parce qu'il est dans la principale. ⟶ *Wenn er ein Auto kaufen würde, würde er nicht den Bus nehmen.*

♦ Dans la troisième phrase, les deux verbes sont forts : celui de la subordonnée de condition sera au subjonctif II sans auxiliaire, celui de la principale conditionnelle sera au subjonctif II avec auxiliaire. ⟶ *Wenn er den Bus **nähme**, **würde** er schnell **fahren**.*

29

1 Conjuguez le verbe *warten* au futur, puis au conditionnel (subjonctif II).

Ich ....   Wir ....

Du ....   Ihr ....

Er, sie ....   Sie ....

2 Traduisez les expressions suivantes en utilisant *werden* :

a. Il a grandi. ....

b. Tu rougis. ....

c. Les feuilles jaunissent. ....

d. Il commence à faire froid. ....

3 Traduisez en français.

a. Sie wird immer schöner.

....

b. Es wird höchste Zeit, dass wir uns fertig machen.

....

c. Jetzt wird es aber zuviel !

....

d. Der Kuchen ist wirklich wenig geworden.

....

4 Mettez les phrases suivantes au futur :

a. Er ist nach Hamburg gefahren und hat Fisch mitgebracht.

....

b. Wenn er zurückkommt, gehen wir ins Kino.

....

c. Wir sehen uns diesen Film an, wenn du willst.

....

d. Morgen gehe ich einkaufen. Kommst du mit ?

....

5 Reliez les deux propositions en formant une phrase conditionnelle.

a. Es regnet. Ich nehme einen Schirm.

....

b. Es ist warm. Wir können schwimmen gehen.

....

c. Ich habe Durst. Ich trinke auch Tee.

....

d. Du fährst nach Deutschland. Du machst in Deutsch Fortschritte (= des progrès).

....

e. Ich habe dieses Buch. Ich kann es dir leihen.

....

6 Traduire les phrases suivantes en français :

a. Wenn Sie früher gekommen wären, hätten Sie ihn noch getroffen.

....

b. Wäre er nicht immer so unruhig, könnte er sich auch besser konzentrieren.

....

c. Hätten Sie uns angerufen, wären wir sofort zu Ihnen gekommen.

....

d. Wenn sie nur etwas geduldiger (= un peu plus patiente) wäre !

....

7 Traduisez en allemand.

a. Si tu vas en ville, achète-moi un agenda *(der Kalender)*.

....

b. Si nous étions amis, nous nous verrions plus souvent.

....

c. Si je n'avais pas fait sa connaissance, je ne serais jamais venu dans cette ville.

....

vocabulaire
•••••••••••

Schulanfang

Es ist jetzt **Anfang September**. Die Ferien sind **vorbei**. Die Schule **fängt** wieder **an**. Jean-Yves **freut sich** ganz besonders **auf den** Deutschunterricht. Er lernt gern Sprachen. Schon am Anfang der Deutschstunde fragt der Deutschlehrer :
– „Wer hat seine Ferien in Deutschland **verbracht** ?"
Jean-Yves **meldet sich** ganz **stolz** :
– „Ich war einen **ganz**en Monat bei meinem **Brieffreund** Stefan in Hannover."
Der Lehrer fragt ihn dann :
– „Was ist dir dort **aufgefallen ?**
– Die ganze Familie war sehr nett.
– Das **liegt** aber nicht **an** Deutschland", sagte der Lehrer.
– „Nein, sagte Jean-Yves, aber die Familien von meinen Freunden in Frankreich sind nicht immer so freundlich. Es war vielleicht nur **Zufall**. Mir ist aber aufgefallen, dass die **Fußgänger** bei den **Verkehrsampeln auf Grün warten**, wenn sie eine Straße **überqueren** wollen. Und auch, dass abends oft kalt gegessen wird. Es wird auch **meistens** früh **zu Abend gegessen**.
– Das Passiv kannst du aber jetzt gut", **lobte** der Lehrer.
– „Ja, sagte Jean-Yves, ich habe bemerkt, dass es viel **gebraucht** wird. Und noch eins : die Deutschen sprechen viel von der **Umwelt**. Mein Freund Stefan hat in der Schule ein **Referat** über den **Umweltschutz** gehalten.
– In welchem **Fach** ?" fragte der Lehrer.
– „In **Landeskunde**", antwortete Jean-Yves.
– „Vielleicht wirst du uns bald **davon erzählen**", sagte der Lehrer.
– „Gern, sagte Jean-Yves, es war sehr interessant aber ich muss mich **darauf vorbereiten**."

Lisez le texte, puis cochez la bonne colonne pour chacune des affirmations suivantes :

	Richtig	Falsch
a. Im Dezember fängt die Schule wieder an.		
b. Jean-Yves ist stolz zu sagen, dass er in Deutschland war.		
c. Jean-Yves hat schon ein Referat über den Umweltschutz gehalten.		
d. In Deutschland warten die Fußgänger bei den Ampeln auf Grün.		
e. Jean-Yves hat drei Wochen in Deutschland verbracht.		
f. Das Passiv wird oft gebraucht.		
g. Abends wird in Deutschland oft warm gegessen.		
h. Jean-Yves lernt nicht gern Fremdsprachen.		

test .../20

1 Mettez au futur.

a. Er meldet sich ganz stolz. ....

b. Was ist dir aufgefallen ? ....

c. Sie essen zu Abend kalt. ....

d. Er hat ein Referat gehalten. ....

note /**4**

2 Complétez les phrases par les divers éléments qui manquent.

a. Stefan hat in d....... Schule....... Referat....... den Umweltschutz gehalten. (3 pts)

b. Jean-Yves hat ein....... ganz....... Monat bei sein....... deutsch....... Brieffreund verbracht. (2 pts)

c. Jean-Yves findet Stefan....... Referat sehr interessant und will es für sein... Klasse zusammen-fassen (= résumer). (2 pts)

d. Jean-Yves ist....... Deutschland gefahren, weil er sein....... Freund besuchen wollte und jetzt freut er sich....... d....... Deutschunterricht, weil er gern Sprachen lernt. (3 pts)

note /**10**

3 Traduisez en allemand.

a. Si les vacances n'étaient pas finies, je serais restée en Allemagne.

....

....

b. En Angleterre aussi, on dîne tôt.

....

c. Si je veux faire un exposé, il faut que je m'y prépare.

....

....

note /**6**

6 Le passif

Conjugaison et construction

- Le **passif** se forme avec l'auxiliaire *werden* et le participe passé du verbe.

    EX: *schlagen* = battre ➝ *geschlagen werden* = être battu.

    Il faut savoir conjuguer le verbe *werden* (voir tableau de conjugaison, page 91)

- Au **passé composé**, l'auxiliaire *werden* perd son préfixe *-ge*.

    EX: *Man hat den Hund geschlagen* ➝ *Der Hund ist geschlagen* **worden**.

    Remarque : le sujet indéfini disparaît dans l'énoncé au passif. On emploie souvent le passif en allemand, là où le français emploie le pronom indéfini « on ».

- Au **futur**, c'est *werden* en tant qu'auxiliaire du futur qui est conjugué.

    EX: *Man wird den Hund nie wieder schlagen* (On ne battra plus jamais le chien.)
    ➝ *Der Hund* **wird** *nie wieder* **geschlagen werden.**

    La forme conjuguée (*wird*) est l'auxilaire du futur, la forme à l'infinitif (*werden*) est l'auxiliaire du passif du verbe *schlagen*.

- Le **complément d'agent** est introduit par la préposition *von*.

    EX: *Klaus schlägt den Hund* ➝ *der Hund wird* **von Klaus** *geschlagen.* (Klaus bat le chien.)

    On trouve la préposition *durch* lorsque l'agent n'est qu'indirectement responsable du résultat de l'action.

    EX: *Ich bin durch die Presse informiert worden* (J'ai été informé par la presse.)

    La presse est bien le complément d'agent du passif, mais peut difficilement être le sujet du verbe « informer » (on dirait moins facilement : « La presse m'a informé »). Les cas où la préposition *durch* est obligatoire sont assez rares.

Les énoncés passifs sans sujet

À la différence du français, l'allemand peut mettre des verbes intransitifs au passif. Par exemple, un verbe qui se construit avec le datif, comme *helfen* ou un verbe comme *lachen* (rire), *tanzen* (danser), etc.

    EX: *Den armen Leuten wird geholfen* ou *Es wird den armen Leuten geholfen.* (On aide les pauvres.)
    Es wird viel gelacht. (On rit beaucoup.)
    In dieser Familie wird viel gelacht. (On rit beaucoup dans cette famille.)

Le complément au datif reste au datif. Comme la première place dans la phrase déclarative ne peut être occupée par le verbe, on introduit *es*, sujet grammatical.

Comment employer le passif

Demandez-vous si l'on décrit une action (→ *werden*) ou son résultat (→ *sein*) **et conjuguez l'auxiliaire *werden* au temps qui convient.**

> **EXEMPLE Traduisez en allemand.**
>
> **a.** Ici, on avait construit une maison.
> **b.** Mais elle a été détruite.
> **c.** La maison est détruite.

◆ Dans les deux premières phrases, on décrit une action ; la première a comme sujet un pronom indéfini, la deuxième est déjà au passif en français. Dans ces deux cas, on peut utiliser l'auxiliaire *werden*, sans oublier qu'il n'a pas de *ge-* au participe passé. → **a.** *Hier war ein Haus gebaut worden*. **b.** *Aber es ist zerstört worden.* (ou *es wurde zerstört.*)

◆ Dans la troisième phrase, on constate un résultat, on ne décrit plus une action ; le participe passé est comme un adjectif attribut du sujet. → **c.** *Das Haus ist zerstört.*

Comment introduire le complément d'agent

Demandez-vous si le verbe est transitif (= s'il se construit avec un objet direct à l'accusatif) et à quel type d'agent on a affaire.

> **EXEMPLE Essayez de justifier la préposition qui introduit l'agent dans les phrases suivantes :**
>
> **a.** *Den Armen wird vom Staat geholfen.* (L'État aide les pauvres.)
> **b.** *Das Haus wurde durch* (ou *von*) *Bomben zerstört.* (... détruite par les bombes.)
> **c.** *Ich bin von dem Lärm geweckt worden.* (J'ai été réveillé par le bruit.)

◆ Dans la première phrase, *helfen* est un verbe intransitif, son complément au datif est en tête → le sujet *es* n'apparaît pas ; l'État est bien à l'origine de l'aide fournie → l'agent est introduit par *von*.

◆ Dans la deuxième phrase, *von* ou *durch* (ou même la préposition *mit*) sont possibles selon qu'on envisage les bombes comme moyen provoquant la destruction ou comme moyen utilisé dans le but de détruire.

◆ Dans la troisième phrase, l'action de réveiller est la conséquence directe (probablement involontaire) du bruit.

1 Conjuguez *vorgestellt werden* (être présenté) à toutes les personnes du présent et du prétérit.

Ich ....

Du ....

Er, sie, es ....

Wir ....

Ihr ....

Sie ....

2 Mettez les expressions suivantes au passé composé, puis au futur, sans changer la personne :

a. Du wirst eingeweiht (= initié). → ....

→ ....

b. Er wurde getadelt (= blâmé). → ....

→ ....

c. Sie wurde entlassen (= congédiée). → ....

→ ....

d. Wir werden informiert. → ....

→ ....

e. Es wird viel geraucht (= On fume beaucoup). → ....

→ ....

3 Mettez les phrases suivantes au passif, sans changer le temps employé :

a. Man singt zu Weihnachten und tanzt am Silvesterabend. (= On chante à Noël et on danse à la Saint-Sylvestre.)

....

b. Der Bäcker bäckt das Brot. (= C'est le boulanger qui cuit le pain.)

....

c. Wer hat das Brot gebacken ?

....

d. Die Schule wird eine Reise organisieren. (= L'école va organiser un voyage.)

....

4 Transformez les phrases suivantes en les mettant à l'actif, sans changer les temps :

a. Dem Schüler wurde von allen Lehrern gratuliert. (*gratulieren* + datif = féliciter)

....

b. Der Baum ist von dem Wind niedergeschlagen worden. (*niederschlagen* = abattre)

....

c. Das Auto wird erst nächste Woche von dem neuen Mechaniker repariert werden. (= ...ne sera réparée que la semaine prochaine par le nouveau mécanicien.)

....

....

d. Von wem sind Sie operiert worden ?

....

e. Diese Häuser dürfen nicht zerstört werden. (= On n'a pas le droit de détruire ces maisons.)

....

5 Essayez de traduire en français.

a. Über dieses Thema ist schon viel geschrieben worden.

....

b. Ihm wurde alles weggenommen.

....

c. Sonntags wird nicht gearbeitet.

....

d. 1990 (neunzehnhundertneunzig) wurde Deutschland wieder vereinigt.

....

6 Traduisez en allemand.

a. J'ai été invitée par une amie.

....

b. On n'a pas le droit de fumer dans l'école.

....

Umweltschutz

Jean-Yves erzählt :

In Deutschland wird in den meisten **Haushalten der Müll sortiert**. Es gibt nicht nur eine **Mülltonne**, sondern drei in verschiedenen Farben : blau für Papier, gelb für Plastik, grün für Biomüll.
Getränke gibt es **kaum** in Plastikflaschen ; sie werden fast immer in **Pfandflaschen** verkauft. Die anderen Flaschen, die **Einwegflaschen** und **Gläser** werden in einem speziellen Container **gesammelt** und **recyclet**.

Unsere **Konsumgesellschaft** macht zuviel Müll. Das **schadet** der Umwelt.

Der **Autoverkehr verpestet** mit seinen **Abgasen** die Luft, vor allem in den Großstädten, wo er besonders **dicht** ist. Darum müssen in Deutschland alle Autos einen **Katalysator** haben, und viele Autofahrer kaufen **bleifreies Benzin**.

Deutschland ist auch ein stark industrialisiertes Land. Die **Fabrikabfälle** können das Wasser **vergiften**. Darum werden die **Unternehmen gezwungen, Emissionsfilter anzuschaffen**.

Die Grüne **Partei** hat in Deutschland einen großen **Einfluss**. Sie will die **Atomenergie abschaffen**. In Frankreich wird 75 % (fünfundsiebzig Prozent) der Elektrizität in **Kernkraftwerken** produziert.

Lisez le texte, puis répondez aux questions.

a. Wie wird der Müll in Deutschland sortiert ?

....

b. Was macht man mit dem **Altglas ?** (= le verre à jeter, *singulier collectif*)

....

c. Warum müssen die Autos einen Katalysator haben ?

....

d. Was vergiftet das Wasser ?

....

e. Was wollen die Grünen **erreichen ?** (= obtenir)

....

....

test .../20

1 Transformez les phrases suivantes en les mettant à l'actif sans changer le temps :

a. In Deutschland wird der Müll sortiert. Das Altglas wird in einem Container gesammelt.

....

b. Getränke werden nicht in Plastikflaschen, sondern in Glasflaschen verkauft. Die Pfandflaschen werden in die Geschäfte zurückgebracht. (*zurückbringen* = rapporter)

....

c. Die Luft wird durch die Abgase verpestet. Das Wasser wird durch die Industrieabfälle vergiftet.

....

d. Katalysatoren werden von den Autofahrern und Emissionsfilter von den Unternehmen angeschafft.

....

e. Viel Elektrizität wird in den Kernkraftwerken produziert. Die Grünen wollen, dass die Atomenergie abgeschafft wird.

....

note /10 ☐

2 Traduisez en allemand, en utilisant une tournure passive.

a. Il a été invité par son correspondant allemand.

....

b. En Allemagne, on mange souvent froid le soir.

....

c. Quand fête-t-on la réunification ? (*die Wiedervereinigung*)

....

d. Il faut expliquer cela aux petits enfants.

....

e. Où rassemble-t-on le verre à jeter ?

....

note /10 ☐

7 Les verbes de modalité

Pouvoir, devoir, vouloir

Rappel : pour traduire ces trois auxiliaires de mode du français, l'allemand dispose de six verbes : *können* = être capable de… ; *dürfen* = être autorisé à… ; *müssen* = être obligé de… ; *sollen* = devoir… ; *wollen* = vouloir… ; *mögen* = aimer bien, avoir envie de…

- Ces six verbes ont les mêmes particularités de conjugaison (voir page 91) : la voyelle du radical change comme dans un verbe fort, mais le prétérit et le participe II ressemblent à ceux d'un verbe faible. En outre, les terminaisons du présent de l'indicatif sont celles d'un prétérit.

> **EX:** Présent : *ich mag, wir mögen* ; prétérit : *ich mochte* ; participe II : *gemocht*.

- **Ces verbes sont presque toujours suivis d'un autre verbe à l'infinitif.**

> **EX:** *Magst du mit mir ins Kino gehen ?* (Veux-tu (as-tu envie de) venir au cinéma avec moi ?) *Ich möchte* (subj. II) *gern, aber ich kann nicht.* (J'aimerais bien, mais je ne peux pas.)

Si le verbe de modalité suivi d'un infinitif est au passé composé, son participe passé reste un infinitif. On a alors un **double infinitif**.

> **EX:** *Ich **habe** einen ganzen Tag daran **arbeiten müssen**.* (Il a fallu que j'y travaille toute une journée.)

Les autres emplois

Ces verbes peuvent également servir à exprimer la supposition ou la mise en doute.

- Si on dit de quelqu'un qui a l'air fatigué : *Er **muss** heute viel **gearbeitet haben**,* cela ne signifie pas qu'il a été obligé de travailler, mais qu'on suppose qu'**il a dû avoir beaucoup de travail**. Comparez les formes verbales avec celles de l'exemple précédent : le verbe *arbeiten* est à l'accompli, et non l'auxiliaire *müssen*.

- *Sollen* peut signifier « on dit que… », « il paraît que… ».

> **EX:** *Er **soll** in dieser kurzen Zeit **um die ganze Welt gereist sein**.* (Il paraît qu'en si peu de temps il a fait tout le tour du monde.) *Er **soll** sehr begabt sein.* (On dit qu'il est très doué.)

- Autre sens possible de *müssen* et *wollen* : *Er **mag** mich kritisieren, ich mache trotzdem weiter.* (Il peut toujours me critiquer, je continuerai quand même.) *Sie **wollen** das selbst **erfunden haben** ?* (Vous prétendez avoir inventé cela tout seul ?)

- Au subjonctif II, *können, dürfen* et *müssen* servent à exprimer la supposition : *Es dürfte (könnte) regnen.* (Il se pourrait qu'il pleuve.) *Er müsste schon da sein.* (Il devrait déjà être là.)

MÉTHODE ET APPLICATION

 Comment choisir le bon auxiliaire de mode

Demandez-vous de quel « pouvoir », de quel « devoir » et de quel « vouloir » il s'agit.

> **EXEMPLE Essayez de traduire en français.**
>
> **a.** Kannst du auch mitkommen ? Darfst du auch mitkommen ?
> **b.** Mußt du auch mitkommen ? Sollst du auch mitkommen ?
> **c.** Willst du auch mitkommen ? Magst du auch mitkommen ?

♦ Dans la première série, la première question porte sur la possibilité matérielle de venir ; on demande à quelqu'un s'il n'a pas d'empêchement. La seconde question porte sur l'autorisation de venir. ➡ Dans les deux cas, le français dira : « Peux-tu venir avec nous ? » Mais l'allemand est plus précis.

♦ Dans la deuxième série, la première question porte sur l'obligation ➡ « Es-tu aussi obligé de venir ? » ; alors que la seconde question évoque une éventualité ➡ « Est-ce qu'on t'a aussi demandé de venir ? » ou « toi aussi, tu dois venir ? » (dans le sens « est-ce prévu ? »)

♦ Dans la troisième série, la première question fait appel à la volonté qui résulte d'une décision. ➡ « Est-ce que tu veux venir ? » La seconde question fait appel au « vouloir » qui correspond à un désir. ➡ « As-tu envie de venir ? »

 Comment employer les verbes de modalité

Faites attention au temps et au sens **du verbe.**

> **EXEMPLE Essayez de traduire en allemand.**
>
> **a.** Mais j'aurais pu t'aider !
> **b.** Tu sais bien que tu ne dois pas fumer.

♦ Dans la première phrase, il s'agit bien de possibilité physique, mais le verbe « pouvoir » est au conditionnel passé ; l'auxiliaire *haben* sera donc au subjonctif II et le participe II de *können* sera réduit à un infinitif. ➡ *Ich hätte dir aber helfen können !*

♦ Dans la deuxième phrase, « tu ne dois pas » signifie en fait « tu n'as pas le droit ». La négation de *müssen*, c'est ici *nicht dürfen*. ➡ *Du weißt doch, dass du nicht rauchen darfst.* Quelqu'un qui dirait *Ich muss rauchen* voudrait dire non pas qu'on l'oblige à fumer, mais qu'il ne peut pas s'en empêcher.

EXERCICES

1 Complétez par l'auxiliaire de mode qui convient.

a. Die Ferien sind vorbei. Stefan .... wieder in die Schule gehen.

b. Ich bin zu müde, ich .... jetzt nicht mehr arbeiten.

c. Vielen Dank für die Einladung. Um wieviel Uhr .... wir zu dir kommen ?

d. Jean-Yves .... schon Auto fahren, aber er .... nicht, weil er noch keinen Führerschein (= permis de conduire) hat.

e. Der Lehrer .... nicht, dass die Schüler während des Unterrichts Kaugummi (= du chewing-gum) kauen.

f. .... du jetzt mit mir Tee trinken ?

2 Mettez les phrases suivantes au passé composé :

a. Petra kann ihren Pullover nicht finden.

....

b. Ich muss eine halbe Stunde auf den Bus warten.

....

c. Paul soll seinem Großvater die Zeitung bringen.

....

d. Die Kinder dürfen natürlich keinen Alkohol trinken.

....

e. Sie will mir nicht sagen, wie alt sie ist.

....

3 Traduisez en allemand, en respectant bien les temps.

a. Toi et Peter, pourriez-vous m'aider ? Il faut que je téléphone à mes parents.

....

b. Il veut rapporter des cadeaux d'Allemagne.

....

c. Il n'a sûrement pas voulu être méchant (böse).

....

4 Traduisez en français.

a. Ich muss immer lachen, wenn sie von ihrer Familie spricht.

....

b. Warum willst du auch, dass sie immer alles gleich versteht ? Sie kann nicht immer die beste sein.

....

c. Wer will, der kann.

....

d. Muss das sein?

....

e. Darf ich Sie einen Augenblick stören ?

....

5 Transformez les phrases suivantes en les mettant au passif, en respectant les temps employés :

a. Die Deutschen sollen bald einen neuen Präsidenten wählen.

....

b. Mein Bruder kann das Auto nicht reparieren.

....

c. Müssen Sie die Mülleimer (= poubelles) selbst reinigen (= nettoyer) ?

....

d. Der Direktor wird den Stundenplan (= emploi du temps, horaire) ändern (= modifier).

....

e. Die Lehrerin wollte ein neues Thema in den Unterricht einführen. (Attention ! Il faut utiliser un autre auxiliaire de mode.)

....

f. Man könnte eine Reise nach Berlin organisieren.

....

g. Was würde dein Vater sagen, wenn fremde Leute (= des inconnus) sein Auto kaputt machen würden ?

....

....

vocabulaire
··············
Klamotten

Petra wird nächste Woche vierzehn. Ihre Mutter fragt sie :
– „Petra, was möchtest du zum Geburtstag ?"

Petra will sich zum Geburtstag neue **Klamotten** kaufen. Sie mag ihre **Kleider** nicht mehr ; sie findet sie jetzt zu **kindlich**. Ihre **Hosen** und ihre **Röcke** sind zu klein und ihre **Pullover** zu alt. Nur die langen **T-shirts** kann sie noch tragen. Sie braucht auch neue **Strumpfhosen** und ein neues **Paar Schuhe**. Mutti sagt :
– „Da werden wir aber viel Geld ausgeben müssen ! Du bist ja **auf einmal** so groß geworden. Willst du **dir** deine Kleider allein **aussuchen**, oder darf ich mitkommen ?
– Ich möchte schon, dass du mitkommst, sag mir aber bitte, wieviel ich ausgeben darf und lass mich allein **entscheiden**, was ich mir kaufen soll. Ich will auch nicht zum Kaufhof; ich finde die Klamotten dort immer etwas **altmodisch.** Ich möchte, dass wir in eine Boutique für Jugendmode gehen. Meine Freundin Claudia hat sich eine ganz **tolle** Hose gekauft."
– „Wie **sieht** die **aus** ?" fragt Mutti.
– „Sie ist schön eng und bequem, sie macht eine tolle **Figur**", antwortet Petra.

Petra nimmt ihre Mutter in einige Geschäfte mit, **von denen** sie **gehört** hat. Im ersten Geschäft findet ihre Mutter alles ein bißchen **ordinär**. Im zweiten Geschäft sieht Petra ein paar Hosen und drei Pullover, die ihr gefallen. Sie weiß nicht, ob sie ihr **passen** ; sie muss sie **anprobieren**. Jedes Mal, wenn sie eine neue Hose und einen neuen Pullover **anhat**, fragt sie ihre Mutter, ob sie ihr auch gut **stehen**. Alles passt ihr und alles steht ihr. Jetzt muss sie **sich entscheiden**.
Mutti kann ihr das Geld für zwei geben, aber nicht für drei. Sie entscheidet sich für eine schwarze und eine dunkelgraue Hose und nimmt den schwarzen Pullover und den gelben dazu. Dann gehen sie in eine Boutique, **damit** Petra sich ein Kleid oder einen **Rock** aussucht, und **hinterher** in ein Schuhgeschäft. Die Verkäuferin fragt :
– „Welche **Schuhgröße** ?"
– „Größe 38 (achtunddreißig)", antwortet Petra und **zeigt auf** ein Paar Schuhe mit dicken **Sohlen** und **Gummibändern**.

1 Complétez les affirmations suivantes, en choisissant la bonne solution :

a. Wenn man eine neue Hose kaufen will, muss man sie ....

☐ anhaben   ☐ tragen   ☐ anprobieren   ☐ anzeigen

b. Petra will allein ...., was sie sich kaufen soll.

☐ bezahlen   ☐ entscheiden   ☐ anziehen   ☐ mitnehmen

c. Petra findet die Kleider im Kaufhof ....

☐ zu kindlich   ☐ sehr billig   ☐ alt genug   ☐ etwas altmodisch

2 **Parmi les mots suivants, rayez ceux qui ne désignent pas des vêtements :**

das Kleid (er), das Geschäft, die Hose(n), die Verkäuferin (nen), der Rock (¨e), der Schuh (e), der Mantel (¨), der Hut (¨e), der Geburtstag (e), die Jacke (n), der Strumpf (¨e).

test .../20

1 Traduisez en allemand.

a. Sais-tu ce qu'elle voudrait pour son anniversaire ?

....

b. Pourrais-tu m'acheter un collant noir ? Je n'en ai plus.

....

....

c. Ses chaussures sont trop petites, elle ne peut plus les porter.

....

....

d. Ce pantalon me plaît beaucoup mais je ne sais pas si j'ai le droit de dépenser autant d'argent.

....

....

note /8

2 Complétez les phrases suivantes par les éléments qui conviennent :

a. Petra möchte, dass ihre Mutter .... kommt, aber sie will .... ihre Kleider allein aussuchen.

b. Sie hat blaue Augen ; Blau .... ihr gut.

c. Diese Schuhe .... mir nicht mehr ; sie sind zu klein. Ich brauche ein .... neu .... Paar.

d. In dies .... Geschäft ist alles zu teuer. Wir gehen in ein .... ander .... Geschäft. Ich kann nicht soviel Geld .... geben.

e. Petra hat .... einer Boutique gehört, wo es tolle Hosen gibt. Sie will mit ihr .... Mutter .... gehen.

f. Stefan hat Schuh .... 39.

note / 12

8 Les prépositions

Prépositions régissant toujours le même cas

Il faut connaître par cœur les prépositions les plus courantes et savoir à quel cas mettre le nom qui suit.

- Sont toujours suivies du **datif** : *aus* (qui indique l'origine), *außer* (sauf), *bei* (indique la proximité), *mit* (avec), *nach* (après, mais aussi « vers, en direction de... »), *seit* (depuis), *von* (apppartenance et origine), *zu* (indique un but que l'on cherche à atteindre).

- Sont toujours suivies de **l'accusatif** : *durch* (à travers), *für* (pour), *gegen* (contre), *ohne* (sans), *um* (autour de).

- Sont toujours suivies du **génitif** : *dank* (grâce à), *trotz* (malgré), *während* (pendant), *wegen* (à cause de).
  Attention ! *trotzdem* est un adverbe qui signifie « quand même » ; il est formé avec le datif de *das* (→ « malgré cela »), bien que *trotz* régisse le génitif.

Prépositions mixtes

- On appelle « mixtes » les neuf prépositions suivantes : *an* (proximité avec contact), *auf* (sur), *hinter* (derrière), *in* (dans), *neben* (à côté de), *über* (au-dessus de), *unter* (sous), *vor* (devant), *zwischen* (entre). Elles servent souvent à situer dans l'espace et sont suivies du **datif lorsqu'elles introduisent un complément locatif** et de l'**accusatif lorsqu'elles introduisent un complément directif**.

  EX: *Der Lehrer **steht vor der Tafel** und **schreibt** die neuen Wörter **an die Tafel.*** « Devant le tableau » est le lieu où se trouve le professeur : c'est un **locatif**. La question est : *Wo steht der Lehrer ?* En écrivant, il « porte » au tableau les mots qui n'y étaient pas encore : c'est un **directif**. La question est alors : *Wohin schreibt der Lehrer die neuen Wörter?*

- Certains verbes sont toujours suivis de locatifs, par exemple les quatre verbes « de position » : *hängen* (être accroché), *liegen* (être dans la position horizontale), *sitzen* (position assise), *stehen* (position verticale), ainsi que des verbes comme *wohnen* (habiter) ou *bleiben* (rester), qui excluent le déplacement.

- D'autres verbes sont toujours suivis de directifs : les quatre verbes « de mouvement » : *hängen, legen, setzen, stellen* et des verbes comme *kommen* ou *fahren* qui expriment le déplacement **vers** un autre lieu. **Le directif, c'est le passage d'un lieu à un autre**, ce n'est pas le déplacement à l'intérieur d'un même lieu.

  EX: Comparez : *Er läuft **auf die** Straße.* (Il court **en direction de** la rue.) et *Viele Leute laufen **auf der** Straße.* (Beaucoup de gens marchent **dans** la rue.)

Comment employer les prépositions toujours suivies du même cas

Il faut apprendre par cœur **les principales prépositions avec le cas qu'elles régissent. Les groupes prépositionnels peuvent être des compléments de lieu, de temps, de manière, de cause, etc. Pour une même préposition allemande, la traduction en français peut être très différente suivant les emplois.**

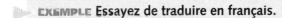

> **EXEMPLE Essayez de traduire en français.**
>
> **a.** Der Ball ist **aus** Gummi. Peter geht aus dem Haus. Ich trinke Tee aus einem Glas. Stefan ist aus Hannover. Er hat aus Angst gelogen (menti).
> **b.** Ich wohne **bei** meinen Eltern. Beim Essen darf man nicht singen. Auch bei Regen geht er spazieren. Paris bei Nacht.

Chaque série présente quelques emplois différents d'une même préposition.

♦ Dans la première série, **aus** sert surtout à exprimer l'origine, la sortie hors de quelque chose, la matière dans laquelle une chose est fabriquée, la cause ou la raison pour laquelle on a agi d'une certaine façon → La balle est en caoutchouc. Peter sort de la maison. Je bois le thé dans un verre. Stefan est (originaire) de Hanovre. Il a menti par peur.

♦ Dans la deuxième série, **bei** sert à exprimer proximité et simultanéité (= deux choses qui se produisent en même temps) → J'habite chez mes parents. Il ne faut pas chanter en mangeant. Même par temps de pluie, il va se promener. Paris la nuit.

Comment employer les prépositions mixtes

La question de savoir si on doit mettre un datif ou un accusatif **se pose pour les compléments de lieu. S'agit-il du lieu dans lequel l'action se situe (→ dat.) ou du lieu que l'action permet d'atteindre (→ acc.) ?**

> **EXEMPLE Complétez par le cas qui convient.**
>
> Der Vogel setzt sich auf d... Dach. Oma sitzt auf d... Sofa.

♦ Dans la première série, l'oiseau qui se pose sur le toit n'y est pas encore, tandis que la grand-mère se trouve déjà assise sur le canapé → *Der Vogel setzt sich **auf das** Dach. Oma sitzt **auf dem** Sofa.*

1 Complétez par le cas qui convient.

Rappel : *im, am, beim,* etc. = *in, an, bei,* etc. + *dem* ; *ins, aufs, ans,* etc. = *in, auf, an* etc.+ *das* ; *zur = zu der.*

a. Petra geht heute mit ein .... Freundin ins Schwimmbad.

b. Was trinken Sie zu d......... Kuchen ? Tee oder Kaffee ?

c. Jetzt kann man durch ein......... Tunnel (masculin) nach England fahren.

d. Bist du für oder gegen sein......... Vorschlag ? (*der Vorschlag* = la proposition)

e. Außer (du) .... wollen alle in......... Kino gehen.

f. Wir können aber auch ohne (er) .... in......... Kino gehen.

g. Er ist schon seit ein......... Monat krank.

2 Trouvez la préposition qui convient.

a. Jean-Yves hat .... Hannover .... Stefan gewohnt.

b. Weißt du, ... welchem Grund (= pour quelle raison) er traurig ist?

d. Den Himmel (le ciel) kann ich .... das Fenster sehen.

e. Der Hund steht............. der Tür, er möchte gern hereinkommen (= entrer).

f. Das Kind hat sich .... einem Baum versteckt (« caché » est suivi en allemand d'un locatif).

g. Die Katze darf nicht .... dem Tisch liegen, aber sie liegt oft .... dem Tisch.

h. .... den Ferien muss man leider wieder in die Schule.

3 Posez la question à laquelle répond le groupe souligné.

Rappel : *womit, wogegen,* etc. correspondent à *mit, gegen,* etc. + *was* ; si la préposition commence par une voyelle, on intercale un « r » ➜ *woran, worauf,* etc. Ces expressions s'emploient lorsqu'il s'agit d'une chose, mais s'il s'agit d'une personne, on dit *mit wem, gegen wen,* etc.

a. Petra geht mit ihrer Mutter einkaufen.

....

b. Jean-Yves denkt an seine Ferien in Deutschland.

....

c. Jean-Yves erzählt dem Deutschlehrer von seinen Ferien.

....

d. Der Ring ist aus Gold.

....

4 Remplacez le groupe prépositionnel souligné par un pronom.

Rappel : les prépositions se combinent avec le pronom *das* comme avec l'interrogatif *was* ➜ *damit, dafür, darauf, darum,* etc. lorsqu'il s'agit de choses ; s'il s'agit de personnes, on utilise la construction « préposition + pronom personnel » : *zu ihm, für sie,* etc.

a. Schreibst du immer mit diesem Stift ?

....

b. Er hat den ganzen Tag an seinen Vater gedacht.

....

c. Ich habe nicht gesagt, dass ich gegen diesen Vorschlag bin.

....

d. Hannover ist für seine Industrie-Messe sehr berühmt (= très célèbre pour sa foire industrielle).

....

e. Weißt du, was ich für diesen tollen Pullover bezahlt habe ?

....

5 Traduisez les phrases suivantes :

a. Elle est malade depuis mardi. As-tu un remède (*das Mittel*) contre la grippe (*die Grippe*) ?

....

b. Pose ce livre sur la table et viens me voir.

....

c. Dans le brouillard (*der Nebel*), on ne voit rien du tout.

....

d. Je sais qu'elle est revenue de vacances parce que j'étais chez elle hier.

....

e. C'est un grand bâtiment (*das Gebäude*) en verre et en métal.

....

f. D'où viens-tu ? Où vas-tu ? Que sais-tu faire ? Qu'attends-tu ?
Rappel : *warten* se construit avec *auf* + accusatif.

....

vocabulaire
··············
Deutschland und Europa

Jean-Yves' Deutschlehrer erzählt heute über Deutschland :

Die BRD (Bundesrepublik Deutschland) liegt **im Herzen Europas**. Sie ist **umgeben** von neun **Nachbarstaaten** : Dänemark im **Norden**, den Niederlanden, Belgien, Luxemburg und Frankreich im **Westen**, der Schweiz und Österreich im **Süden** und von der Tschechischen Republik und Polen im **Osten**.

Nach dem zweiten **Weltkrieg** wurde Deutschland von den USA, Großbritannien, der Sowjetunion und Frankreich **in vier Besatzungszonen aufgeteilt**. Während die westlichen Besatzungszonen die autonome Bundesrepublik Deutschland bildeten, **entwickelte sich** die sowjetische Besatzungszone **zu** einem kommunistischen **Staat** unter sowjetischer Kontrolle, **mit streng überwachten Grenzen**. Im November 1989 (neunzehnhundertneunundachtzig) wurden diese Grenzen **abgeschafft**. Am 3. (dritten) Oktober 1990 (neunzehnhundertneunzig) feierte Deutschland seine neue **staatliche Einheit**.

Deutschland ist kleiner als Frankreich und Spanien, aber es hat mehr **Einwohner**. Deutschland **zählt** über 80 (achtzig) Millionen Einwohner. Es gibt in Deutschland mehr Großstädte als in Frankreich. Berlin, die Hauptstadt, zählt **dreieinhalb** (3,5) Millionen Einwohner, Hamburg **eins Komma sieben** (1,7) Millionen und München 1,2 (eins Komma zwei). Düsseldorf, Köln, Frankfurt, Hannover und Stuttgart haben mehr als 500 000 (fünfhunderttausend) Einwohner, und viele Städte zählen über 100 000 (hunderttausend) Einwohner.
– „Warum hat Deutschland eine so hohe **Bevölkerungsdichte** ?" fragt Jean-Yves.
– „Weil Deutschland ein Industrieland ist, **es gehört zu den international führenden Industrieländern**", antwortet der Deutschlehrer. „Und weißt du, warum Deutschland eine „Bundesrepublik" ist?", fragt **seinerseits** der Lehrer.
– „Ja, antwortet Jean-Yves sehr stolz, weil es eine föderative Republik ist, **das heißt**, dass es aus mehreren Ländern besteht, und jedes Land ist wie ein kleiner Staat. Bund ist das deutsche Wort für Föderation."
– „Sehr gut, und wieviel deutsche Länder gibt es ?"
– „Sechzehn."

Répondez aux questions.

a. Relevez dans le texte les noms de pays employés sans article et ceux qui sont précédés d'un article. Ont-ils le même genre ?

....

....

b. Was passierte im November 1989 ?

....

c. Warum ist Deutschland eine Bundesrepublik ?

test .../20

1 Répondez aux questions suivantes, en écrivant les chiffres en toutes lettres :

a. In welchem Bundesland liegt Hannover ? Wofür ist die Stadt berühmt ?

b. Wieviel Nachbarländer hat Deutschland ?

c. Wieviel Einwohner hat Berlin ? Ist das mehr oder weniger als Hamburg ?

note /5

2 Complétez les phrases suivantes par les éléments qui conviennent :

a. Deutschland gehört .... d......... groß......... Industrieländer..... (2 pts).

b. 1989 wurde die Grenze .... Ost- und Westdeutschland abgeschafft (1 pt).

c. Die Bundesrepublik liegt .... Herz......... Europa......... (2 pts). Sie ist kleiner ....

Frankreich, aber sie zählt .... 80 Millionen Einwohner (2 pts). Sie besteht .... sechzehn

Bundesländer......... (1 pt).

d. Deutschland wurde .... d......... Krieg .... vier Besatzungszonen aufgeteilt (2 pts).

note /10

3 Traduisez les phrases suivantes en français :

a. Viele Automobile und Maschinen werden in Deutschland hergestellt und in andere Länder exportiert.

b. Das Umweltschutzministerium ist für den Umweltschutz zuständig.

c. Wälder, Seen und Küsten stehen unter Naturschutz. Man darf der Natur nicht schaden.

note /5

9 Les compléments de temps

Adverbes et groupes prépositionnels

- **Les compléments de temps peuvent être des adverbes (mots invariables) :** *heute, jetzt, gestern, vorgestern, früher* (autrefois), *morgen, übermorgen, später* (plus tard), *vorher* (auparavant), *früher* (plus tôt), *gleichzeitig* (en même temps), *dann* (ensuite), *nachher, hinterher* (après).

- **Ils peuvent aussi être des groupes prépositionnels.**

  – Certains servent à indiquer la date : *im Jahr 1989* ou *1989* (sans préposition), ***im** September*, ***am** 13. März*, ***am** Samstag, dem 13. März*, ***um** 16 Uhr*.

  – D'autres groupes prépositionnels renvoient à un moment du passé : *vor einem Monat* (il y a un mois), ou à un moment du futur : *in einem Monat* (dans un mois).

  – Si l'on veut exprimer une **durée**, on peut avoir l'accusatif, souvent suivi de la « postposition » *lang* : *eine Stunde lang* (pendant une heure), l'accusatif seul ou la préposition *während* + génitif.

  > **EX:** *Ich habe einen Tag daran gearbeitet. Während des Monats September...*

  – Une durée qui a déjà commencé, mais n'est pas encore terminée s'exprime avec la préposition *seit* + dat. ou avec *schon* suivi de l'accusatif.

  > **EX:** *Ich bin seit drei Tagen hier, schon drei Tage hier.*

Subordonnées temporelles

- Contrairement au français, l'allemand ne se sert pas d'infinitives pour marquer qu'une action se passe avant ou après l'autre.

  > **EX:** **Après avoir vu** le film, il changea d'opinion. → ***Nachdem** er den Film gesehen **hatte** (plus-que-parfait), änderte er seine Meinung.*
  > N'oublie pas d'éteindre **avant de sortir** → *Vergiss nicht, das Licht auszumachen, **bevor** du **weggehst** (indicatif).*

- La conjonction **wenn** (lorsque, quand) introduit une subordonnée de temps exprimant une action qui s'est produite plusieurs fois dans le passé ou qui ne s'est pas encore produite.

  > **EX:** *Wenn ich zur Schule ging, musste ich früh aufstehen.* (Quand (= chaque fois que) j'allais à l'école, je me levais tôt).

- La conjonction **als** (quand, lorsque) introduit une subordonnée de temps exprimant une action, brève ou longue, qui n'a (eu) lieu qu'une fois.

  > **EX:** *Als mein Vater zur Schule ging, gab es noch keine Computer in den Schulen.* Quand (à l'époque où) mon père allait à l'école, il n'y avait pas encore d'ordinateur dans les écoles.

Comment choisir la bonne préposition dans les compléments de temps

Quand on parle d'un événement, il est important de savoir si l'on veut le dater, le situer par rapport à soi-même ou par rapport à un autre événement.

> **EXEMPLE Traduisez ces phrases en français, en justifiant la préposition employée.**
>
> **a.** Ich habe ihn **vor** drei Tagen getroffen. Ich lerne Deutsch **seit** zwei Jahren.
> **b. Nach** einem Monat in Deutschland, konnte er schon sehr gut sprechen.

 Les phrases de la première série situent l'action **par rapport** à la personne qui parle ; *vor* renvoie à quelque chose qui s'est passé trois jours auparavant, *seit* exprime le début d'une action qui dure encore ➔ Je l'ai rencontré **il y a** trois jours. J'apprends l'allemand **depuis** deux ans.

 Dans la deuxième phrase, on situe les progrès en langue **par rapport** au temps qu'il a passé en Allemagne ➔ Au bout d'un mois passé en Allemagne, il parlait déjà très bien.

Comment choisir la bonne conjonction pour introduire une subordonnée de temps

Les conjonctions françaises « quand » et « lorsque » peuvent signifier « chaque fois que », « au moment où », ou même « après que » ; c'est l'ensemble de la phrase qui permet d'interpréter correctement pour utiliser la bonne conjonction en allemand.

> **EXEMPLE Traduisez en allemand.**
>
> **a.** Quand il a le temps, il aime bien aller au cinéma.
> **b.** Lorsque tu m'as téléphoné, j'étais sous la douche.
> **c.** Lorsqu'il eut construit sa maison, il la vendit.

 Première phrase : situation qui se reproduit ➔ *Wenn er Zeit hat, geht er gern ins Kino.*

 Deuxième : moment précis ➔ *Als du mich angerufen hast, war ich unter der Dusche.*

 Dans la troisième phrase, le temps de la subordonnée est forcément antérieur à celui de la principale ➔ *Nachdem er sein Haus gebaut hatte, verkaufte er es.*

1 Complétez par la bonne préposition.

a. Stefan ist .... 15. (fünfzehnten) April geboren. Seine Schwester ist auch ....

April geboren, aber ich weiß nicht, ... welchem Jahr. Und du, wann bist du geboren ?

b. Wann hast du sie zum letzten Mal (= pour la dernière fois) gesehen ? .... drei Tagen.

c. Ich habe .... Weihnachten keinen Brief mehr geschrieben.

d. Wir sind schon .... März ; .... drei Wochen haben wir Osterferien.

2 Répondez à chacune des questions en formant une phrase à partir de l'indication donnée et en ajoutant une préposition lorsque c'est nécessaire.

Ex. : *Wie oft wäscht er seinen Wagen ? (jede Woche)* → *Er wäscht jede Woche seinen Wagen.*
(Ici le complément de temps est à l'accusatif sans préposition ; le français n'a pas d'interrogatif comme *wie oft*, mais précise « combien de fois par mois, par semaine... »)

a. Wie lange lernst du Deutsch ? (ein Jahr)

....

b. Seit wann kennst du ihn ? (letztes Jahr)

....

c. Bis wann hast du heute Unterricht ? (halb zwei)

....

d. Wann kommst du aus der Schule ? (zwei Uhr)

....

e. Wie oft treibst du Sport ? (dreimal in der Woche)

....

3 Complétez les phrases au moyen d'un de ces adverbes : *jetzt, früher, dann, gestern, übermorgen, heute, zuerst.*

a. Es gab .... nicht so viele Autos wie ....

b. Ich kann morgen nicht zu dir kommen, weil ich zum Zahnarzt (= chez le dentiste) muss ; können wir uns .... treffen ?

c. Ich bin .... endlich fertig !

d. Du musst .... auf den Knopf drücken (= appuyer sur le bouton) und ....
nach rechts drehen (= tourner vers la droite).

e. Heute hast du keine Biologie. Hast du .... Biologie gehabt ?

4 Complétez par *wenn* ou *als.*

a. Früher trank ich immer Coca-Cola, ... ich Durst hatte. Jetzt mag ich das nicht mehr.

b. .... der Sänger auf die Bühne trat (= entra en scène), wurde das Publikum still.

c. Jean-Yves schaut Fernsehen, ... es gute Programme gibt.

d. .... Oma ein Kind war, gab es noch kein Fernsehen.

e. Caroline las einen Roman, ... das Telefon klingelte.

f. Jean-Yves' Mutter kommt aus Südfrankreich ; sie mag es nicht, ... es kalt ist.

5 Traduisez en français.

a. Man muss viel lernen, bis man einen Beruf ausüben kann.

....

b. Mutti will, dass die Kinder sich zweimal am Tag die Zähne putzen ; morgens und abends, bevor sie ins Bett gehen.

....

c. Nachdem sie mit der Arbeit fertig geworden war, ging sie spazieren.

....

d. In unserer Stadt wird der Müll jeden zweiten Tag entfernt.

....

6 Traduisez en allemand.

a. Il se douche avant de prendre son petit déjeuner.

....

b. Elle trouvait cette robe trop longue, mais après l'avoir essayée, elle l'a achetée.

....

c. Quand je suis fatiguée, je n'arrive plus à travailler.

....

d. Il sortait de la maison, au moment où je suis arrivée.

....

e. Lis d'abord le texte ; ensuite tu pourras répondre aux questions.

....

vocabulaire
••••••••••
Fußball und Sport

Stefan geht heute zum Fußballplatz. Er **hat** seine Sportschuhe **an** und **nimmt** die Fußballschuhe **mit**.

Er spielt jede Woche Fußball, oft sogar zweimal in der Woche. Es gibt in seiner Schule mehrere **Fußballmannschaften**. Jeden Samstag spielt eine Mannschaft gegen die Mannschaft einer anderen Schule. Stefan spielt **abwechselnd** als **Torwart**, als **Libero** oder als **Mittelstürmer**.

Seine Mannschaft gewinnt **zwar** nicht jedes Mal, aber heute fühlt er sich in Form und will das Spiel gewinnen. Stefan weiß, dass die deutsche National-Mannschaft schon dreimal die Fußball-**Weltmeisterschaft** gewonnen hat.

– „Als du klein warst, wolltest du auch **Weltmeister** werden", sagt ihm seine Mutter, aber jetzt kann er sich nicht mehr **daran erinnern**.

Die Deutschen treiben viel Sport. Jeder vierte **Bundesbürger** ist **Mitglied** in einem **Sportverein** und Millionen Menschen treiben Sport, ohne einem Verein anzugehören. Die Sportvereine organisieren **Wettbewerbe** im Laufen, Schwimmen, Radfahren, Wandern, Reiten usw (*und so weiter* = « etc. »).

Mit mehr als 5,6 Millionen Mitgliedern ist der deutsche **Fußball-Bund** der größte Sportverein in Deutschland.

Stefan und seine Schwester Petra gehen auch oft schwimmen ; im Winter schwimmen sie im **Hallenbad** und im Sommer, wenn das Wetter schön ist, im **Freibad**.

Fast alle Schulen **verfügen über** moderne **Turnhallen**, in denen Gymnastik und Leichtathletik **trainiert** werden. Petra turnt gern am **Reck**.

1 Ce texte contient dix compléments de temps. Trouvez-les et classez-les selon leur nature (adverbe, groupe à l'accusatif, groupe prépositionnel, subordonnée).

....

....

....

2 Relevez et classez les termes qui désignent...

– des équipements sportifs : ....

– des manifestations sportives : ....

– des sportifs : ....

– des organisations sportives : ....

test .../20

1 **Répondez aux questions suivantes :**

a. Wie oft spielt Stefan Fußball ?

....

b. Gewinnt seine Fußballmannschaft immer ?

....

c. Will Stefan jetzt noch Weltmeister werden ?

....

d. Was macht man in einer Turnhalle ?

....

note /4 ☐

2 **Complétez par les éléments qui conviennent.**

a. Jed......... viert......... Deutsch......... gehört ein......... Sportverein........... (3 pts)

b. D......... verschieden......... Fußballverein......... bilden d......... deutsch......... Fußball-Bund.
Dieser zählt .... meist......... Mitglied........... (4 pts)

c. Bei ein......... Fußballspiel spielen zwei Mannschaft......... gegeneinander .... ein.........
Fußballplatz. (3 pts)

note /10 ☐

3 **Traduisez en allemand.**

a. Tous les samedis, elle va à la piscine.

....

b. Elle n'a pas fait de piano depuis trois semaines.

....

c. Quand elle avait neuf ans, elle voulait devenir danseuse.

....

note /6 ☐

10 Les compléments de lieu

Adverbes de lieu

- Les adverbes *hier, da, dort,* correspondent à peu près à « ici, là, là-bas », mais ils peuvent aussi être employés comme pronoms.

  EX: *Er ist schon dort.* (Il **y** est déjà.) ou *Er kommt von dort.* (Il **en** vient.)

- Certains adjectifs peuvent être employés comme adverbes : *weit* (vaste) et *nah* (proche) signifient « loin » et « près ».
  Links (à gauche) et *rechts* (à droite) viennent d'adjectifs (*die linke Hand* = la main gauche).

- Certains adverbes de lieu sont formés à partir de prépositions : *vor* → *vorn* (devant), *hinter* → *hinten* (derrière), *unter* → *unten* (en bas). « En haut » se dit *oben*, « en face » *drüben*, « dehors » *draußen*.

- La particule ***hin*** contribue à marquer le déplacement vers un lieu. On la trouve aussi dans les adverbes ***dahin, dorthin***.

  EX: Comparez *Er ist **dort**.* (locatif) et *Ich gehe auch **dorthin**.* (directif).

- Dans des compléments directifs, les adverbes peuvent aussi être précédés de *nach*.

  EX: *Da musst du nach links (gehen).* (Ensuite tu vas à gauche.)

Les compléments de lieu prépositionnels

- Un **locatif** introduit par une des neuf prépositions mixtes (voir chapitre 8, page 46) est toujours au **datif**.

  EX: *Er wohnt **in der** Nähe.* (Il habite à côté.) / *Er spielt **im** Park.* (Il joue dans le parc.) / *Die Katze schläft **auf dem** Teppich.* (Le chat dort sur le tapis).

- Un **directif** introduit par une des neuf prépositions mixtes est toujours à l'**accusatif**.

  EX: *Er geht **in den** Park.* (Il va au parc.) / *Die Katze legt sich **auf den** Teppich.* (Le chat s'allonge sur le tapis).

  Attention ! Les locatifs et les directifs peuvent être introduits par des prépositions à régime fixe. Comparez le locatif *Sie ist **bei** einer Freundin.* (Elle est chez une amie.) et le directif *Sie geht **zu** einer Freundin.* (Elle va chez une amie.)

- Les prépositions peuvent se combiner avec *das* pour former des **pronoms adverbiaux**.

  EX: *Hier ist eine Tasche, was gibt es denn **darin** ?* (qu'y a-t-il dedans ?)

- Adverbes et prépositions se combinent parfois pour former un complément de lieu.

  EX: ***hinten im** Garten* (au fond du jardin)

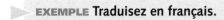

Comment employer les adverbes de lieu

Les adverbes de lieu, employés seuls, sont des locatifs. **S'il y a déplacement d'un lieu à un autre, il faut marquer le** directif.

> **EXEMPLE Traduisez en français.**
>
> **a.** Er spielt draußen. Er schaut nach draußen. Er geht hinaus.
> **b.** Sie geht hinunter. Jetzt ist sie unten. Die Kinder sind oben, aber sie kommen gleich herunter.

◆ Dans la première série, l'adverbe *draußen* signifie « dehors » comme lieu où l'on se trouve. Si quelqu'un regarde dehors, il n'y est pas ; c'est son regard qui se dirige vers l'extérieur : l'allemand précise ce mouvement du regard en ajoutant la préposition **nach**. Pour marquer la sortie hors d'un endroit, l'allemand combine **hin** avec **aus**. → Il joue dehors. Il regarde dehors. Il sort.

◆ Dans la seconde série, *hin* marque l'éloignement et *her* le rapprochement. *Gehen*, comme le français « aller », est un verbe d'éloignement (se combine avec *hin*), *kommen*, comme le français « venir », est un verbe de rapprochement (se combine avec *her*). Mais ce qui compte c'est le point de vue de la personne qui parle ou qui décrit. → Elle descend (dit par quelqu'un qui est en haut). Elle est maintenant en bas. Les enfants sont en haut. Ils descendent tout de suite (dit par quelqu'un qui se trouve en bas).

Comment employer les compléments de lieu prépositionnels

Il n'y a pas de recette facile ; il faut bien sûr distinguer locatif et directif, mais aussi connaître les emplois les plus courants de certaines prépositions.

> **EXEMPLE Comment direz-vous en allemand ?**
>
> Passer ses vacances à la mer, à la campagne, à la montagne, en Espagne.

Dans cette série, il n'y a que des locatifs. On aura donc des datifs après les prépositions mixtes, mais l'allemand emploie la préposition *an* pour tout ce qui est « au bord de », *auf* pour la campagne, la cour et la rue, *in* pour la montagne, les villes et les pays → *Seine Ferien* **am** (datif) *Meer*, **auf dem** (datif) *Land*, **in den Bergen** (datif pluriel), **in** *Spanien* verbringen.

1 À l'aide des mots proposés, noms et verbes, trouvez la bonne préposition pour construire des petites phrases sur le modèle de l'exemple suivant :

Ex. : *Wagen, Straße, stehen* → *Der Wagen steht auf der Straße.*
Attention ! Les verbes *ankommen* (arriver), *landen* (atterrir) et *sich verstecken* (se cacher) sont suivis de locatifs.

a. Mutti, das Kind, ein Stuhl, setzen → ....

b. Karl, sein Schlafzimmer, gehen → ....

c. Sophie, das Sofa, schlafen → ....

d. Sara, um drei Uhr, der Bahnhof, ankommen → ....

e. Vati, der Wagen, die Garage, stellen → ....

f. Mein Freund, im Sommer, Italien, fahren → ....

g. Das Mädchen, der Baum, sich verstecken → ....

2 Posez la question correspondant au groupe souligné.

a. Stefans Eltern haben ein Ferienhaus an der Ostsee.

....

b. Ich gehe jetzt zur Post.

....

c. Petra ist zum Schwimmbad gegangen.

....

d. Oben auf dem Schrank steht meine größte Vase.

....

e. Wir fahren jeden Sonntag aufs Land.

....

3 Traduisez les phrases suivantes en français :

a. Da er vorn links sitzt, muss er sich immer nach rechts drehen, wenn er den Lehrer sehen will.

....

b. Sie müssen an der nächsten Kreuzung (= carrefour) nach links, dann biegen Sie in die nächste Straße rechts; da sehen Sie schon die Post.

....

4 **Dans le texte suivant, trouvez chaque fois la bonne préposition et, quand c'est nécessaire, le cas qui convient :**

a. Herr Gärtner muss .... Flughafen (aéroport).

b. Er fliegt um elf Uhr .... Paris.

c. Er packt schnell ein paar Sachen .... sein......... Koffer und holt seinen Wagen ....
d........ Garage.

d. Er wird seinen Wagen zwei Tage lang .... d......... Parkplatz des Flughafens stehen lassen.

e. Wenn er .... Paris zurückkommt, kann er wieder mit dem Wagen .... Hause fahren.

5 **Complétez par le pronom adverbial de lieu qui convient (dort, dorthin, darauf, danebon, etc.).**

a. Ich werde um fünf Uhr vor dem Kino stehen und .... auf dich warten.

b. Herr Meier hat eine Schaukel (= balançoire) für seine Enkeltochter gebaut: er hat einfach zwei
Seile (= cordes) mit einem Brett .... an dem Baum festgebunden (= attaché).

c. Ich will dich photographieren, stell dich bitte   .... !

d. Dein Koffer ist ganz schön schwer, was gibt es denn .... ?

e. Das Sofa ist schmutzig, wer hat denn die vielen Flecken (= taches) .... gemacht ?

f. Er wohnt .... auf der anderen Seite des Platzes.

6 **Traduisez en allemand.**

a. Va là-bas ! Viens ici !

....

b. J'ai passé un mois à la mer, une semaine à la montagne et un jour à la campagne.

....

....

c. Si tu vas en Allemagne, rapporte-moi du pain noir, s'il te plaît ! J'aime bien ça.

....

d. À Hanovre, il y a tous les ans une grande foire (*die Messe*), mais je n'y suis jamais allé.

....

....

e. Au fond de la salle (*der Raum*), il y a une grande armoire.

....

vocabulaire
··············

Lawinen in den Alpen (Erster Teil)

*Im Februar 1999 haben riesige **Lawinen** in den Alpen mehrere Dörfer **vernichtet** und Dutzende von Menschen getötet.*
*Die deutsche **Wochenzeitschrift** Stern von Donnerstag, dem 18. (achtzehnten) Februar berichtet über die Lawine in Montroc :*

RAPHAËL IN MONTROC

Hier, in diesem Chaos, muß irgendwo das Elternhaus von Raphaël gestanden haben. Hier inmitten der **ehemaligen Siedlung** Montroc, am östlichen Ende des **Tals** von Chamonix.

Das **Unglück** kam am Dienstag vergangener Woche über das Tal von Chamonix, als die Lawine siebzehn Chalets der Siedlung unter sich **begrub** und **mindestens** zwölf Menschen in den **Tod** riss.

Raphaël hatte morgens um halb acht noch **versucht**, in die Schule in Argentière zu **gelangen**. Aber es war kein **Durchkommen**. Die Straße ins Tal war **gesperrt**. Höchste Lawinen**gefahr**. **Einheimische** schickten den **unerschrockenen Buben** zurück

nach Hause. Zurück zu seinen Eltern. Zu seinem Vater Daniel, der als „Pisteur" seit fünfundzwanzig Jahren **für** die **Sicherheit** der Skifahrer im Wintersport**gebiet** „Les Grands Montets" **verantwortlich** war. Raphaël ist ein exzellenter Skifahrer. Das hat er vom Vater gelernt, der ihm auch hundertmal erklärt hatte, wie er **sich verhalten** soll, wenn er **jemals** in eine Lawine **geraten** sollte.

An eine Lawine am **Hang gegenüber** von Montroc hat niemand gedacht. Ein Wald mit Hunderten von **15 bis 20 Meter hohen Tannen bot** natürlichen **Schutz** für die Siedlung. Seit einundneunzig Jahren war hier keine Lawine mehr heruntergekommen.

1 Il y a dans ce texte dix-sept compléments de lieu. Trouvez-les et classez-les.

Locatifs	Directifs

2 Répondez aux questions.

a. Wo lag die Siedlung Montroc ?

b. Wieviel Menschen starben in der Lawine ?

c. Was hatte Daniel seinem Sohn Raphaël erklärt ?

....

d. Wie hoch waren die Tannen gegenüber von Montroc ?

....

test .../20

1 **Trouvez la bonne préposition et complétez par le cas qui convient.**

a. Siebzehn Chalets verschwanden (disparurent + locatif) .... d ...... Lawine.

b. Raphaëls Haus stand .... d......... Siedlung Montroc.

c. Raphaël wollte .... d......... Schule aber die Straße, die .... Argentière führt, war gesperrt.

d. Raphaël kann sehr gut Ski fahren, weil er .... d......... Berg......... wohnt.

e. Ich bin noch nie .... d...... Berg......... gegangen, ich wohne .... d......... Land.

note/10 [ ]

2 **Traduisez en allemand, en vous inspirant du texte de la page 62.**

a. La route de la vallée était barrée à cause du risque d'avalanche.

....

b. J'espère que tu ne seras jamais pris dans une avalanche.

....

c. En face du village (la préposition *gegenüber* se construit avec le datif), il y a une forêt avec des centaines d'arbres.

....

d. Au milieu du lotissement disparu (*ehemalig*), il y a maintenant un monument (*das Denkmal*).

....

e. On n'avait pas vu d'avalanche sur ce versant depuis quatre-vingt-onze ans.

....

....

note/10 [ ]

11 Infinitives et subordonnées

Toutes les subordonnées, infinitives comprises, sont précédées d'une virgule.

Les infinitives

- Le verbe à l'infinitif se place à la fin de la proposition et est précédé de **zu**.
  Le sujet de la principale est toujours le même que celui de l'infinitive.

- Il existe quatre types d'infinitives :
- l'infinitive **complément d'objet** ;

> **EX:** *Hast du Lust, mit uns in die Bretagne **zu** fahren ?* (As-tu envie de venir avec nous en Bretagne ?)

- l'infinitive **complément de but** ;

> **EX:** *Er spart Geld, **um** sich einen Computer **zu** kaufen.* (Il économise de l'argent pour s'acheter un ordinateur.)

- deux infinitives **de « manière »**.

> **EX:** *Er ist an mir vorbeigegangen, **ohne** mich **zu** begrüßen.* (Il est passé devant moi sans me saluer.) *Er schaut Fernsehen, **anstatt** seine Aufgaben **zu** machen.* (Il regarde la télé au lieu de faire ses devoirs.)

Attention ! Ne confondez pas les infinitives avec les infinitifs qui suivent les auxiliaires de mode (*Er kann nicht schlafen)* ou avec les infinitifs substantivés, comme *das Essen,* qui sont souvent employés en allemand, toujours avec une majuscule (ce sont des noms) et souvent précédés d'une préposition (*beim Arbeiten* = en travaillant).

Les autres subordonnées

Il faut distinguer les **relatives** qui dépendent d'un nom et les **complétives** ou **circonstancielles**, qui dépendent d'une proposition principale :
- les complétives introduites par **dass** ;
- les causales introduites par **weil** (parce que) ou **da** (comme) ;
- les temporelles introduites par **wenn, als, während** (tandis que, pendant que) ;
- les interrogatives indirectes introduites par **ob** (si) ou par un pronom ou un adverbe interrogatifs : **was, warum, wann, wie, wo, welch..** (quel). Ce dernier se décline et peut être précédé d'une préposition ;
- la concessive introduite par **obwohl** (bien que), **dont le verbe reste à l'indicatif** ;
- la subordonnée de finalité (= de but) introduite par **damit**, dont **le sujet n'est pas le même que celui de la principale** et dont le verbe reste aussi à l'indicatif.

Comment construire les infinitives

Veillez à bien placer la préposition *zu* juste avant l'infinitif qui dépend directement du verbe de la principale.

EXEMPLE **Traduisez.**

a. Il espère venir avec nous demain.
b. Il n'a pas envie d'être opéré pendant les vacances.
c. Il se dépêche pour ne pas arriver en retard.

◆ Dans la phrase a, rappelez-vous que seuls les auxiliaires de mode, le verbe *lassen* et les verbes de perception *hören, sehen, fühlen,* sont suivis d'infinitifs sans *zu*. Tout autre verbe, qu'il y ait ou non une préposition en français, exige la préposition *zu* avant l'infinitif qui dépend de lui. → *Er hofft, morgen mit (uns) zu kommen.*

◆ Dans la phrase b, c'est l'auxiliaire du passif qui est à l'infinitif → *Er hat keine Lust, während der Ferien operiert zu werden.*

◆ La phrase c est une infinitive de finalité (dont le sujet est le même que celui de la principale) → *Er beeilt sich, um nicht zu spät zu kommen.*

Comment construire les subordonnées

L'ordre des mots reste le même que dans la proposition indépendante, mais le verbe conjugué est placé à la fin de la proposition subordonnée.

EXEMPLE **Rassemblez les deux indépendantes au moyen de la conjonction de subordination proposée.**

a. Er ist sehr erkältet (enrhumé). Er geht in die Schule. OBWOHL
b. Wir haben ihn nicht erreichen (joindre) können. Er wurde nicht informiert. DA

◆ La première phrase que vous construirez contient une subordonnée concessive qui, en allemand, reste à l'indicatif → *Obwohl er sehr erkältet ist, geht er in die Schule.*

◆ Dans la seconde phrase, qui contient aussi une subordonnée de cause, vous donnerez d'abord la cause et ensuite le résultat. Par ailleurs, il y a un double infinitif (voir chapitre 7) qui va se trouver dans la subordonnée ; dans ce cas, l'auxiliaire conjugué (ici *haben*) vient se placer juste avant les deux infinitifs → *Da wir ihn nicht **haben erreichen können**, wurde er nicht informiert.*

1 Reliez les éléments proposés pour former une phrase complète contenant une infinitive.

a. Es macht ihm Freude / den anderen helfen.

....

b. Er hat leider vergessen / die Konzertkarten kaufen.

....

c. Sie bittet ihre Eltern / mitkommen.

....

d. Er glaubte / den Zug erreichen können.

....

e. Du hattest mir versprochen / früh aufstehen und dein Zimmer aufräumen.

....

2 Complétez par *ohne... zu, um... zu* ou *anstatt... zu.*

a. Man muss Geduld haben, ... Vögel .... photographieren.

b. Er ist weggegangen, ... ein Wort .... sagen.

c. Sie schaut auf die Bäume draußen, ... dem Lehrer .... hören.

d. Sie sind verreist (= partis en voyage), ... die Haustür ab......... schließen.

e. Er kritisiert nur, ... selber nicht kritisiert .... werden.

f. Du solltest an die frische Luft gehen, ... die ganze Zeit Fernsehen .... schauen.

3 Joignez la seconde proposition à la première en remplaçant l'élément souligné par un pronom relatif.

a. Ich habe einen Freund mitgebracht. / Ich möchte ihn dem Lehrer vorstellen.

....

b. Das ist ein Film. / In diesem Film fehlt die Spannung (= le suspens).

....

c. Viele Leute waren der gleichen Meinung (= du même avis). / Ich sprach mit ihnen darüber.

....

d. Ich erinnere mich an den Tag. / An diesem Tag passierte das Unglück (= l'accident).

....

e. Er hat sich eine neue Kamera gekauft. / Damit macht er bessere Aufnahmen (de meilleures photos).

....

4 Transformez les questions en subordonnées interrogatives, introduites par *Ich weiß nicht.*

a. Wann fangen die Ferien an ?

....

b. Wohin fährt denn dieser Zug ?

....

c. Was für einen Pullover hat sie sich gekauft ?

....

d. Von welchem Text hat der Lehrer gesprochen ?

....

e. Hat Mozart auch Sinfonien komponiert ?

....

5 Complétez par les conjonctions de subordination qui conviennent.

a. Ich habe alles gehört, ... ich in der Nähe stand.

b. .... es uns kalt wurde, beeilten wir uns, nach Hause zu kommen.

c. Man wickelte (= enveloppa) ihn in eine Decke (= couverture), ... er nicht friert.

d. .... die Lawine herunterkam, war es zu spät.

e. .... die Lawine heruntergekommen war, war alles still.

f. Er hat keinen Mantel angezogen, ... es sehr kalt ist.

6 Traduisez en allemand.

a. Je n'irai pas leur rendre visite sans leur téléphoner auparavant.

....

b. Raphaël n'a pas pu aller à l'école parce que la route était coupée.

....

c. Bien qu'il fasse beau, il reste à la maison parce qu'il a du travail.

....

vocabulaire
. . . .
Lawinen in den Alpen (Zweiter Teil)

DER WEIßE TOD

Erst hörten sie ein **Grollen**, dann **zerbrechende** Bäume, dann war Stille. In Sekundenschnelle donnerten Hunderte von Tonnen Schnee mit einer **Geschwindigkeit** von zweihundert Kilometer pro Stunde ins Tal, siebenhundert Höhenmeter tiefer. Es war kurz nach 14 Uhr, als die Wächte (= la congère) am **Gipfel** unter ihrem eigenen **Gewicht zusammenbrach** und von dort die Schneemassen mit in die **Tiefe** riss.

„Ich hörte nur ein **furchtbares Donnern**. Dann kam der Wind. Man hörte, wie die Bäume **knickten**", sagt der Chef vom Hotel „Les Becs Rouges". Es dauerte nur fünf Sekunden. Dann kam der Wind und dann der Schneestaub. Dann war totale **Ruhe**.

Als die **Retter** mit den Lawinenhunden kamen, war das ganze Dorf **verwüstet**. Nach mehreren Stunden hatten sie einige Menschen gerettet, aber zwölf Menschen waren im Schnee gestorben. Raphaël hatten die Retter immer noch nicht gefunden.

Gegen 21 Uhr fand jemand die **Fern-bedienung des Fernsehers**. Damit konnte ein **Schäferhund** die Spur von Raphaël finden. Er lag neben seiner Mutter. Seine Mutter war tot, aber er lebte noch, obwohl er sieben Stunden im Schnee gelegen hatte. Es war nicht leicht, ihn aus dem Schnee zu **befreien**. Der **Notarzt** verpackte ihn in die wärmsten Jacken, die er finden konnte und brachte ihn ins **Krankenhaus** von Chamonix.

Répondez aux questions par des phrases complètes.

a. Was für Geräusche (= bruits) hört man, wenn eine Lawine herunterkommt ?

....

....

b. Wie schnell ist die Lawine heruntergekommen ?

....

....

c. Wie haben die Retter die Spur von Raphaël gefunden ?

....

....

d. Warum verpackte der Arzt Raphaël in warme Jacken ?

....

....

e. Wohin brachte er ihn ?

....

test .../20

1 **Complétez par les conjonctions ou les pronoms relatifs qui conviennent.**

a. Es war ein Wunder (= miracle), ... Raphaël noch lebte, ... er mehrere Stunden im Schnee gelegen hatte.

b. Die Einheimischen können nicht in ihrem Dorf bleiben, ... es ganz verwüstet ist.

c. Lawinenhunde sind Hunde, ... den Rettern helfen, ... sie Menschen im Schnee suchen.

d. Ein Nachbar von Raphaël fand die Fernbedienung, ... Raphaël Fernsehen geschaut hatte.

e. Die Straße, ... nach Argentière führt, war gesperrt, ... die Lawinengefahr sehr groß war.

f. Raphaëls Vater hatte ihm schon erklärt, ... er sich verhalten sollte, ... er je in eine Lawine geraten sollte.

note / **10** [   ]

2 Traduisez en allemand.

a. Il est resté à la maison parce qu'il n'a pas pu aller à l'école.

....

....

b. Bien qu'il soit resté à la maison au lieu d'aller à l'école, il a été pris par l'avalanche.

....

....

c. Sais-tu comment il faut se comporter quand un accident se produit?

....

....

d. Je pense qu'il faut appeler la police, les pompiers (die Feuerwehr) ou au moins un médecin.

....

....

e. Ce n'est pas facile de trouver des gens dans la neige.

....

note / **10** [   ]

12 La rection du verbe

Le complément du verbe est un groupe nominal

- **Les compléments d'objet direct sont pour la plupart à l'accusatif**.
  Mais certains verbes fréquents sont suivis du datif, comme *begegnen* (rencontrer) et *folgen* (suivre), qui se conjuguent avec l'auxiliaire *sein*, ou encore *danken* (remercier) et *helfen* (aider), qui se conjuguent avec l'auxiliaire *haben*. Quelques verbes, beaucoup plus rares, se construisent avec le génitif.

- **De très nombreux verbes se construisent avec une préposition.**

  EX : *auf* + acc. *warten* → ***Ich warte auf dich.*** (Je t'attends.)
  sich über + acc. *freuen* → ***Ich habe mich über Deinen Brief gefreut.*** (Ta lettre m'a fait plaisir.)

- **Certains verbes peuvent avoir deux compléments** : un au datif + un à l'accusatif, comme *geben*, ou un complément direct (au datif ou à l'accusatif) + un complément prépositionnel, comme *danken*.

  EX : ***Ich danke dir für deinen Anruf.*** (Je te remercie de ton coup de fil.)
  Ici, le pronom désignant la personne est au datif *(dir)* et la chose est introduite par la préposition *für* obligatoirement suivie de l'accusatif

  Attention ! Ne confondez pas les **préverbes** (qui font partie de la conjugaison du verbe) et les **prépositions** qui introduisent des compléments.

  EX : *auf* + acc. *aufpassen* → *Ich passe auf* (préposition) *die Kinder auf* (préverbe). (Je fais attention aux enfants.)
  an + datif *teilnemmen* → *Er nimmt am* (préposition) *Wettbewerb teil* (préverbe). (Il participe au concours.)

Le complément du verbe est une subordonnée

- La proposition complément du verbe peut être une infinitive (voir chapitre 11).

- Le plus souvent c'est une complétive introduite par *dass*.

  EX : ***Ich danke dir, dass du mich so schnell informiert hast.*** (Je te remercie de m'avoir informé si rapidement.)

- La **préposition** (*für*, *an*...) qui fait partie de la rection du verbe peut apparaître sous la forme d'un **pronom prépositionnel** (*dafür*, *daran*...) annonçant la complétive.

  EX : *„Ich danke dir". „Wofür denn?" „**Dafür**, **dass** du mich so schnell informiert hast".* (« Je te remercie ». « De quoi donc ? » « De m'avoir informé si rapidement. »)
  *Erinnere mich bitte **daran**, **dass** ich noch Brot kaufen soll.* (Rappelle-moi que je dois encore acheter du pain.)

Comment construire les verbes avec leurs compléments

Pour employer un verbe correctement avec ses compléments, il faut savoir avec quel cas et avec quelle préposition **il se construit.**

 EXEMPLE **Traduisez en français.**

a. Ich habe **ihn** nur **nach** seinem Namen gefragt.
b. Petra bittet ihr**en** Vater **um** Geld.

Les verbes *fragen* et *bitten*, employés dans les deux phrases peuvent être traduits en français par le verbe « demander ». Mais il s'agit de deux choses différentes.

◆ Dans la première phrase, *fragen* suivi de l'accusatif de la personne signifie « interroger quelqu'un » et s'emploie dans les cas où l'on cherche à obtenir une information ; l'objet de la demande est régi par la préposition *nach* → Je lui ai juste demandé son nom.

◆ Dans la deuxième phrase, le verbe *bitten* est plus proche de « prier quelqu'un » et s'emploie lorsqu'on demande un service ou une faveur ; cet objet est régi par la préposition *um* → Petra demande de l'argent à son père.

Comment construire les verbes avec une subordonnée complément

La complétive ou l'infinitive peuvent être annoncées dans la principale par un pronom adverbial.

 EXEMPLE Traduisez les phrases suivantes en employant le verbe *sich freuen* :

a. Je suis content(e) que ce travail soit fini.
b. Sara est très contente d'aller en France l'été prochain.

◆ Dans la première phrase, ce qui est exprimé c'est la satisfaction procurée par quelque chose qui est déjà fait ; dans ce cas, l'allemand emploie *sich freuen* avec *über* suivi de l'accusatif. → *Ich freue mich (darüber), dass diese Arbeit fertig ist.*

◆ Dans la seconde phrase, il s'agit de la satisfaction éprouvée à l'avance à propos de quelque chose à venir ; dans ce cas, l'allemand emploie *sich freuen* avec *auf* suivi de l'accusatif. → *Sara freut sich sehr (darauf), nächsten Sommer nach Frankreich zu fahren.*

1 Complétez par les éléments qui conviennent : préposition, terminaison ou pronom.

a. Petra unterhält sich .... ihr.......... Freundin.

b. Als Jean-Yves Sara kennenlernte, versuchte er etwas .... ihr.......... Interessen zu erfahren.

c. Er fragte .... auch nach ihr.......... Telefonnummer.

d. Die Autoabgase und die Fabrikabfälle schaden d.......... Umwelt.

e. Petra erzählt .... ihr.......... Ferien.

f. Der Lehrer stellt d.......... Schüler.......... (au pluriel) Fragen über Deutschland.

g. Die Schüler antworten .... d.......... Fragen.

2 Complétez par une conjonction de subordination.

a. Er weiß noch nicht, ... er kaufen will.

b. Er prüft nach, ... er noch genug Geld bei sich hat.

c. Sie ist traurig, ... die Ferien vorbei sind.

d. Hat sie dir gesagt, ... sie uns endlich besuchen wird ?

e. Man wirft ihr oft vor, ... sie zu leise spricht.

3 Trouvez le pronom prépositionnel qui peut annoncer la complétive.

a. Der Lehrer hat .... erzählt, dass seine Familie sich im Krieg verstecken musste.

b. Er hatte sich .... vorbereitet, dass man ihm diese Frage stellt.

c. Hast du .... gehört, dass hier ein Unglück passiert ist ?

d. Wir sollten ihm .... danken, dass er sich so viel Mühe (= tant de peine) gegeben hat.

e. Ich kann mich nicht .... gewöhnen, dass du immer zu spät kommst.

4 Traduisez en français.

a. Er nahm der alten Dame ihre schwere Tasche ab, um ihr zu helfen, aus dem Bus auszusteigen.

....

....

b. Der Teil von Deutschland, der nach dem Krieg unter sowjetischer Kontrolle stand, entwickelte sich zu einem kommunistischen Staat.

....

....

....

5 Formez des phrases à l'aide des mots qui vous sont proposés. À vous de trouver les prépositions !

a. Stefan / sein Freund / der Bahnhof/ abholen.

....

b. Jean-Yves / seine Schwester/ ein Geschenk/ mitbringen.

....

c. Jean-Yves /das Schwarzbrot / sich gewöhnen (au passé composé).

....

d. Die Bundesrepublik / sechzehn Länder / bestehen.

....

e. Die deutschen Schulen / moderne Turnhallen / verfügen.

....

f. Niemand / Lawine / denken (au plus-que-parfait).

....

6 Traduisez en allemand.

a. Vous n'avez pas répondu à ma lettre.

....

b. Nous disposons d'un matériel (*das Material*) très moderne.

....

c. Est-il content du cadeau que nous lui avons envoyé ?

....

d. Je vous remercie beaucoup de m'avoir porté cette lourde valise.

....

....

e. J'espère que vous lui avez demandé où il habite.

....

f. Puis-je te demander un verre d'eau ?

....

vocabulaire
••••••••••••

Ein Brief von Sara

Hannover, den 28. Februar

Hallo Jean-Yves!

Ich danke dir für Deinen langen Brief. Ich habe auch viel zu erzählen. Wie du siehst, bin ich **zur Zeit** in Hannover. Ich wohne bei meiner Tante. Bei uns war gerade Karneval; ich hatte mich zuerst für den **Fastnachtszug** als Eskimo **verkleidet**, weil es draußen kalt war, als wir mit unseren Kostümen durch die Straßen gegangen sind. Dann haben wir bei meiner Freundin Claudia bis spät in der Nacht getanzt; dort habe ich meinen **Pelzmantel** ausgezogen und **erschien** als Indianerin, was zum Tanzen viel **gemütlicher** war. Es war sehr **lustig**.

Es gibt jetzt viel **Betrieb** in Hannover, weil die **Messe** bald **anfängt**. Viele Industrie-**Unternehmen** aus der ganzen **Welt** treffen sich auf der Messe und **stellen** ihre Produkte **aus**. Im Jahr 2000 (zweitausend) soll in Hannover eine Welt-Ausstellung über das Thema „Mensch, Natur, Technik" **stattfinden**. Vielleicht werde ich da einen Job als Hostess oder als **Dolmetscherin** bekommen.

Ich habe eine Bitte an Dich : wir haben vor, ich und zwei Freundinnen und ein Freund, nächsten Sommer in die Bretagne zu fahren. Wir wollen mit dem Zug nach Rennes fahren. Wir nehmen unsere Fahrräder im Zug mit, und **von** Rennes **aus** wollen wir dann in der Bretagne Rad fahren. Es wäre natürlich sehr schön, wenn Du mitkommen könntest. Unser Französisch ist nämlich noch sehr **mangelhaft**.

Schreib mir bitte bald ! Herzliche Grüße,

Deine Sara

Vrai (richtig) ou faux (falsch) ? Cochez la bonne case.

	Richtig	Falsch
a. Jean-Yves hat keinen Brief geschrieben.		
b. Sara hat viel zu erzählen.		
c. Sie hat sich als Prinzessin verkleidet.		
d. Sie hatte gerade Geburtstag.		
e. In Hannover gibt es eine große Buchmesse.		
f. Sara möchte einen Job auf der Messe bekommen.		
g. Sie möchte mit Jean-Yves an die Riviera (= Côte-d'Azur).		

test .../20

1 **Répondez aux questions.**

a. Wie hat sich Sara verkleidet ?

....

b. Was für einen Job möchte sie bekommen ?

....

c. Was hat sie für die nächsten Ferien vor ? Was erwartet sie von Jean-Yves ?

....

d. Wo wohnt Sara, wenn sie in Hannover ist ?

....

note /5 ☐

2 **Complétez par les éléments qui conviennent.**

a. Er arbeitet .... Ingenieur in einer Automobilfirma. Er findet sein......... Beruf interessant, weil er sich schon immer............. Motoren begeistert hat.

b. Ich möchte gern später .... Arzt in ein......... Krankenhaus arbeiten. Es gefällt mir, Krank......... zu helfen.

c. Mein Vater wäre gern Skilehrer geworden aber er wohnte nicht .... d......... Alpen und die Konkurrenz .... (pronom adverbial) war zu groß.

d. Erwarten Sie .... mir, ... ich die ganze Arbeit allein mache ?

note /10 ☐

3 **Traduisez en allemand.**

a. Si vous n'avez pas compris le texte, posez-moi des questions.

....

b. Je lui ai donné mon adresse bien qu'il ne me l'ait pas demandée.

....

c. J'espère vous revoir bientôt. ....

note /5 ☐

corrigés

1 L'apposition
Le génitif des noms propres

1 a) einen neuen Englischlehrer, einen jungen, großen Mann.
b) ... in Paris, der Hauptstadt *(datif)*.
c) vom Schwimmbad... dem neuen Hallenbad.
d) Der rote Wagen gehört Herrn Frank, dem Nachbar.
e) ... des neuen Schülers, des kleinen Blonden ?

2 a) Frau Gärtner hat einen Gast, Herrn Kunze.
b) Petra geht mit Stefan, ihrem Bruder, ins Kino.
c) Ich bin an einem Montag, dem dreizehnten März, geboren.
d) ... aus Lüneburg, einer schönen kleinen alten Stadt.
e) ... für Petra, ihre Enkeltochter, gestrickt.

3 a) Guten Tag, haben Sie den *Stern*, eine deutsche Zeitung ?
b) Kauf ihm ein Spielzeug, einen elektrischen Wagen.
c) Kannst du mir ein Buch leihen ? Einen Roman für die Reise ?

4 a) Stefans Freunde... zu seinem Geburtstag.
b) ... die Hauptstadt Niedersachsens.
c) ... eins der sechzehn Länder Deutschlands.
d) Spielbergs Filme...
e) die Hauptstadt Portugals ?

5 a) Das ist Herrn Doktor Müllers neuer Wagen.
b) Das ist Gärtners' neue Wohnung *(le s étant déjà pris par le pluriel, on ajoute une apostrophe)*.
c) Das ist Günter Grass' neuer Roman.
d) Das ist Kaiser Wilhelms Bildnis.
e) Das ist Tante Effis Brief.

6 a) Jean-Yves' Koffer ist nicht sehr schwer.
b) Hast du Saras Telefonnummer ? Kannst du sie mir geben ?
c) Jean-Yves zeigt seinen deutschen Freunden Bilder von seiner ganzen Familie.
d) Herr Smith, Petras neuer Englischlehrer, ist sehr nett.

Vocabulaire

À la gare. Jean-Yves, un jeune Français, se trouve dans le train pour Hanovre ; c'est la première fois qu'il va chez Stefan, son correspondant allemand. Il sait que Stefan viendra le chercher à la gare. Il est 13 h 05. Le train arrive à Hanovre. Jean-Yves sort sa valise du casier à bagages et descend du train. Sur le quai, Stefan l'aborde : « Bonjour ! C'est toi Jean-Yves ? – Oui, bonjour Stefan ! – Alors, c'était comment ce voyage ? – Très intéressant, j'ai fait la connaissance d'une Allemande. Elle a un prénom français ; elle s'appelle Sara. – Mais Sara n'est pas un prénom français, c'est déjà dans la Bible ! Elle est de Hanovre ? – Non, elle est descendue à Stadthagen. C'est là qu'elle habite. – C'est tout près. – Oui, je lui ai demandé son numéro de téléphone. – Pas bête! Nous pouvons aller la voir, un de ces jours. Donne-moi ta valise. – Merci, je peux la porter tout seul ; elle n'est pas si lourde. Excuse-moi, est-ce qu'on passe devant un guichet ? *(Attention! Ce « on » qui veut dire « nous » se dit* wir *en allemand)*. J'ai déjà mon billet de retour mais je voudrais me renseigner sur les heures de départ. – On regardera dans l'horaire des trains. Ici au guichet, ça dure des heures. Maintenant, on va à la maison avec la voiture d'oncle Klaus parce que mon père ne rentre que demain d'un voyage d'affaires. »

❶ Er kommt um dreizehn Uhr fünfzehn in Hannover an.

❷ Stefan holt ihn am Bahnhof ab.

❸ kennengelernt, Vorname, Bibel, Geschäftsreise.

test

1 a) Er sitzt im Zug nach Hannover.
b) Koffer und Reisetaschen liegen im Gepäckfach.
c) Mit dem Wagen seines Onkels *(ou* mit Onkel Klaus' Wagen).

2 ... am Bahnhof... aus dem Wagen.
Auf dem Bahnsteig .... nach Hause.

3 a) Frau Schulzes Koffer.

b) Herrn Professor Mayers Rede.
c) Marcus' Mantel.
d) Stefan Gärtners Freund.

4 a) Ich habe einen Brief von Karla, meiner deutschen Brieffreundin, bekommen.
b) Ich muss mich nach den Abfahrtszeiten nach Berlin erkundigen.
c) Hast du Sara nach ihrer Adresse gefragt ?

2 Genres et nombres

1 a) Der Tisch, die Tische.
b) Das Zimmer, die Zimmer.
c) Das Haus, die Häuser.
d) Das Bett, die Betten.

Tisch a un pluriel en -e comme la plupart des masculins ; Zimmer ne change pas au pluriel, comme tous les masculins et neutres en -el,-er, -en ; Haus a un pluriel en ¨er, ce qui est assez fréquent pour les neutres ; Bett a un pluriel « faible » en -en, ce qui est rare pour les neutres.

2 a) die, (en), sucrerie ;
b) die, (en), paysage ;
c) die, (en), travail ;
d) die, (en), habitude ;
e) die, (en), invitation ;
f) die, (nen), amie.

Ce sont tous des féminins et ils ont tous la terminaison -en au pluriel, comme tous les noms en -heit, -keit, -schaft, -ung, -in.

3 a) der Junge, der Herr, der Franzose, der Affe (le singe), der Präsident, etc.
b) Bahnsteig, Gepäckfach, Taschengeld, Kaufhaus, Schwarzbrot, etc.
c) das Haus, das Kind, das Bild, das Fach, das Ei, etc.

4 a) der, (-), doigt ;
b) die, (n), mur ;
c) der, (-), maçon ;
d) die, (¨), mère ;
e) die, (n), numéro.

Tous ces mots se terminent en -er, mais cela n'indique pas leur genre. Retenez cependant que les masculins ne changent pas au pluriel tandis que les féminins prennent un -n.

5 a) Löwe *est un masculin faible comme* Franzose.
b) Garten *et* Mantel *sont des masculins en -en, -el qui ne prennent que l'inflexion sur la voyelle au pluriel.*
c) Wein *et* Film *sont des masculins à pluriel en -e.*
d) Nacht *et* Bank *sont des féminins à pluriel en ¨e.*
e) Sofa *et* Auto *sont des neutres d'origine étrangère à pluriel en -s.*
f) Fußballplatz *et* Fotoapparat *sont des noms composés.*
g) Fete *et* Familie *sont des féminins en -e à pluriel en -n.*
h) Mechaniker *et* Engländer *sont des masculins en -er qui ne changent pas au pluriel.*
i) Jahr *et* Brot *sont des neutres à pluriel en -e.*

6 a) Die Lehrer lesen Bücher.
b) Wir haben keine Blumen gefunden, wir haben Kuchen gekauft.
c) Die Frauen geben den Kindern Bilder.
d) Meine Freunde spielen Fußball.
e) Die Nachbarn reparieren ihre Häuser.
f) Die Deutschen essen zum Frühstück gern Eier.

Vocabulaire

Les achats. Jean-Yves veut rapporter en France des cadeaux pour ses parents, son frère et ses amis. Il va dans un grand magasin avec Stefan et Petra. Il y a là beaucoup de choses à acheter et beaucoup d'entre elles ressemblent à ce qu'on trouve dans les magasins français. Il voudrait rapporter à son frère un CD avec les derniers « tubes » allemands à la mode. Ils vont donc au rayon musique. Jean-Yves demande conseil à Stefan. Stefan trouve les CD trop chers et dit : « Je connais un magasin où les CD sont beaucoup moins chers. Nous irons tout à l'heure. » Pour sa mère, il va peut-être acheter du « marzipan » » de Lübeck (= *massepain, spécialité de pâte d'amandes*), ou bien un pain noir aux céréales. Au rayon pâtisserie, il demande à la vendeuse : « Combien coûte ce pain ? – Cinq marks. – Et le morceau de marzipan ? – Un mark vingt. » Jean-Yves regarde s'il a assez d'argent de poche sur lui. Il tend un billet de dix marks à la vendeuse, et elle lui rend 3,80 marks. Il veut aussi acheter quelque chose à son père. Il va d'un rayon à l'autre et n'arrive pas à se décider. Stefan lui demande : « Il n'aime pas les sucreries, ton père ? – Si, beaucoup même ! – Alors, tu peux lui donner le marzipan. – Tu as raison, mais j'en achète un deuxième parce que je ne sais pas si ma mère mangera le pain noir. – Toi-même, tu n'aimes pas tellement ça. – Enfin, je m'y habitue et puis, on n'en trouve pas chez nous. »

❶ Sie gehen in ein Kaufhaus, weil Jean-Yves Geschenke nach Frankreich mitbringen will (*ou bien* Geschenke kaufen will).

❷ Er hat einen Zehn-Mark-Schein bei sich. Stefan findet die CDs zu teuer ; er will ihm billigere zeigen (*lui en montrer de moins chers*).

❸ Sachen (*ou* Abteilungen), Süßigkeit, gewöhnt.

test

1 a) Der Schüler muss sich ein Buch kaufen.
b) Der Freund, den du bei mir kennengelernt hast, spielt gern Fußball.
c) Das Kaufhaus schließt um 19 Uhr.
d) Der Nachbar ist mit seinem Fahrrad ... (*ou* die Nachbarin ist mit ihrem Fahrrad...).

2 a) Stadt, Hand = *2 féminins à pluriel en (˝e).*
b) Rede, Woche = *2 féminins en -e à pluriel en -n.*
c) Kaufhaus, Schulbuch = *2 composés neutres à pluriel en (˝er).*
d) Kaiser, Morgen = *2 masculins à pluriel sans marque.*
e) Ferien, Sachen = *2 mots qui s'emploient au pluriel (au singulier, Sache a un autre sens).*

3 a) In diesem Kaufhaus gibt es viele Sachen, ich kann mich nicht entscheiden.
b) Ich habe der Verkäuferin fünf Mark gegeben, sie hat mir nur zwanzig Pfennig zurückgegeben.

3 La détermination du nom

1 a) Der Hund spielt mit dem kleinen Kind. Das kleine Kind lacht.
b) ... diesen alten Mann ...
c) In allen französischen Schulen arbeiten die Kinder...
d) An jenem schönen Sommertag...
e) ... dieser eleganten Dame... ihren Hut...
f) Peters kleiner Bruder...
g) ein Ø schönes Abenteuer.
h) Der Hamburger Hafen ist der größte Hafen...

2 a) Das Schulbuch (˝er), le manuel scolaire.
b) Die Zahnbürste (n), la brosse à dents.
c) Die Sportlehrerin (nen), la prof de gym.
d) Das Mittagessen (-), le déjeuner.
e) Das Fußballspiel (e), le match de foot.
f) die Kinokarte (n), le billet de cinéma.

3 a) *Substantif* : Rauch (*compartiment fumeurs*).
b) *Négation* : nicht (*non-fumeur*).
c) *Adjectif* : groß (*grande ville*).
d) *Adjectif* : schwarz (*pain noir*).
e) *Radical du verbe* schlafen (*chambre*).
f) *Adjectif* : früh (*petit-déjeuner*).
g) *Adjectif* : fern (*télévision*).

4 a) ... der Russisch spricht, ... dessen Mutter...
b) ... das...
c) ... die... (fragen + *accusatif de la personne interrogée*)
d) ... nach dem...
e) ... in die... (*accusatif directif*)
f) .. in der... (*datif locatif*)

5 a) Der Freund meiner Schwester, den du gestern gesehen hast, ist ein guter Fußballspieler.
b) Kennst du die deutsche Schule, von der er spricht ?
c) Er hat zwei neue Bücher gekauft.
d) Der Film, den ich gestern gesehen habe, war nicht sehr gut.

6 a) La maison devant laquelle nous sommes passés est la maison d'un ami de mon père.
b) Quels journaux allemands connais-tu ? – Je n'en connais pas.

c) L'argent de poche que j'ai sur moi ne suffit pas pour un repas au restaurant. Cela suffit à la rigueur pour une saucisse avec un petit pain.
d) Comment s'appellent les gens chez qui tu as passé tes vacances ?

Vocabulaire

Vie quotidienne. Stefan aimerait bien jouer au foot tous les jours, mais ce n'est pas possible. Il ne peut le faire que le week-end. Les autres jours, il faut se lever tôt, se doucher, petit-déjeuner, se laver les dents, aller à l'école. Ensuite, il y a les devoirs et quelquefois, l'entraînement tombe à l'eau même le samedi parce qu'il a trop de travail, ou qu'il est enrhumé. Le quotidien prend beaucoup de temps. Mais certains jours, de petites choses transforment le quotidien en aventure. L'autre jour par exemple, la prof de français avait oublié ses lunettes. Elle ne pouvait pas lire, si bien qu'elle a passé toute l'heure à discuter avec les élèves. C'était sympa comme cours. Jean-Yves était là. Elle lui a posé beaucoup de questions sur sa vie quotidienne en France. Jean-Yves habite Paris et va au collège à Paris. Il y déjeune à la cantine. Dans les écoles allemandes, il n'y a pas de cantine. Il y a parfois une cafétéria que les élèves gèrent eux-mêmes, et les élèves allemands mangent des sandwichs pendant les récréations. En France, Jean-Yves n'a pas besoin d'emporter des sandwichs à l'école. En revanche, il a davantage de cours l'après-midi. « C'est comment le repas à la cantine ? » demande la prof. « Pas mal, répond Jean-Yves, mais l'acoustique y est mauvaise, c'est très bruyant, c'est difficile de se parler. » Ensuite, on lui a demandé de parler de ses loisirs en français. Jean-Yves a dit : « Je suis comme Stefan. J'aimerais aussi avoir davantage de temps libre. Le samedi, je joue au tennis. Je fais aussi souvent du patin à roulettes. – Mais cette fois, tu vas jouer au foot avec moi », dit Stefan.

❶ Weil sie ihre Brille vergessen hat. Sie unterhält sich mit den Schülern.

❷ Alltag : sich die Zähne putzen ; belegte Brote oder in der Kantine essen ; frühstücken ; duschen ; sich anziehen ; aufstehen ; ins Bett gehen ; arbeiten ; sich die Hände waschen.

Freizeit : Fußball spielen ; schwimmen ; Rollschuh laufen ; tanzen ; ins Kino gehen ; Romane lesen ; fernsehen.

test

1 a) der Regen (*la pluie*) ➜ *l'imperméable*.
b) der Unterricht (*l'enseignement*) ➜ *l'heure de cours*.
c) Roll- (*radical du verbe* rollen, *rouler*) ➜ *le patin à roulettes*.
d) Frei (*adjectif : libre*) ➜ *le temps libre (les loisirs)*.
e) das Haus (*la maison*) ➜ *le devoir à faire à la maison*.
f) die Woche (*la semaine*) ➜ *le week-end*.
g) Wohn- (*radical du verbe* wohnen, *habiter*) ➜ *(salle de) séjour*.
h) Weiß (*adjectif : blanc*) ➜ *le pain blanc*.

2 a) seine belegten Brote... in der Pause einige frische Brötchen.
b) mit seiner alten Brille... einen neue machen lassen.
c) ... diese schönen Rollschuhe... Meine Großeltern... ein neues Fahrrad kaufen... neue Rollschuhe haben.

3 a) ... die Fragen, die...
b) ... das ganze Marzipan aufgegessen, das...
c) ... der Film, von dem...
d) die Deutschen, mit denen...

4 Le verbe

1 a) Er schlief ; b) wir aßen ; c) ihr wart ; d) ihr arbeitetet ; e) sie gingen ; f) du zahltest.

2 a) Anna hat gefrühstückt, ihre Zähne geputzt, sich die Hände gewaschen, ihren Mantel angezogen und ist in die Schule gegangen.
Anna frühstückt, putzt ihre..., wäscht sich..., zieht... an und geht in die Schule.
b) Stefan ist nach Paris gekommen, ist drei Wochen geblieben, hat viel Neues entdeckt und ist nach Hannover zurückgefahren.

Stefan kommt nach Paris, bleibt drei..., entdeckt viel... und fährt... zurück.
c) Jean-Yves hat viele Geschenke gekauft und sein ganzes Geld ausgegeben.
Er kauft viele... und gibt... aus.

3 a) Ruf sie bitte an !
b) Wascht euch die Hände !
c) Gehen wir in die Schule !
d) Hilf mir bitte !
e) Nimm mir bitte die Tasche ab !
f) Beeilt euch !
g) Warten wir doch !
h) Lauf nicht so schnell !

4 a) Holt Stefan Jean-Yves am Bahnhof ab ?
b) Putzen sich alle Kinder jeden Morgen die Zähne ?
c) Ist das Frau Müllers neuer Mantel ?

5 a) Was hat sich Petra gekauft ?
b) Wann fährt er nach Köln ?
c) Wohin fährt er nächsten Sommer ?
d) Wie spricht sie Deutsch ?
e) Wo arbeitet seine Mutter ?

6 a) Jetzt weiß ich, daß Deutschland aus sechzehn Ländern besteht.
b) Morgen will ich ihn fragen, ob er mit uns ins Schwimmbad kommt.
c) Heute Abend fragst du ihn, wie er das Auto repariert hat.

7 a) Wenn ich nach Rom führe...
b) Wenn er groß wäre...
c) Wenn ich meiner Freundin schriebe...
d) Wenn ich Zeit hätte...
e) Wenn das Auto schon repariert wäre...

Vocabulaire

La nouvelle amie. Sara est montée dans le train à Aix-La-Chapelle. Elle avait une valise très lourde ; le casier à bagages était déjà très plein ; il n'y avait plus qu'une place tout en haut. Jean-Yves a proposé de l'aider ; il lui a pris des mains la lourde valise et l'a mise dans le casier. Sara a alors murmuré quelque chose que Jean-Yves n'a pas compris. Il lui a dit : « Excuse-moi, je n'ai pas compris, il faut que tu parles plus lentement, je suis Français. » Sara l'a regardé avec étonnement et lui a dit : « Mais tu parles bien allemand, j'ai seulement dit merci de m'aider mais la plupart du temps, je ne parle pas assez fort, on me l'a souvent reproché. D'où viens-tu ? – De Paris. » Là, Sara est devenue curieuse. Elle avait beaucoup entendu parler de Paris mais n'y était jamais allée. Sara est timide mais quand même sociable. Elle lui a demandé : « Où est ta place ? Moi, j'ai la place 34. Il y a encore beaucoup de places libres. – Asseyons-nous là », a répondu Jean-Yves. « Est-ce que tu pars en vacances ? – Non, j'en viens justement, je rentre chez moi, c'est bientôt la rentrée. J'étais avec des amis en Hollande. On a fait plus de 200 km à vélo. Tu peux faire du vélo à Paris ? – Beaucoup de rues sont trop étroites ; le vélo, c'est souvent très désagréable à cause des voitures. Je préfère le patin. » Sara avait l'air sportive. Cela a plu à Jean-Yves. Il a essayé d'en savoir un peu plus sur ses goûts. « Tu es triste de retourner au lycée ? – Non, au contraire, je suis contente de retrouver mes amis et mes profs. – C'est quoi ta matière préférée ? – J'en ai plusieurs : les langues, mais aussi la littérature, la biologie, le sport ; il n'y a qu'en maths que je ne suis pas très bonne. »

❶ In den Zug einsteigen. Aus dem Zug steigen. Den Koffer in das Gepäckfach legen (*ou* stellen). Den Koffer aus dem Gepäckfach nehmen.

❷ Sara : schüchtern, kontaktfreudig, neugierig, sportlich.
Jean-Yves : neugierig, hilfsbereit, sportlich.

test

1 a) Sara sieht... an. Sie wird...
b) Sie scheint... Das gefällt...
c) Er lernt ein... kennen. Wie kommt er mit ihr in Kontakt ?
d) Sie ist... Sie fahren...

2 a) Jean-Yves lernte in dem Zug... kennen.
b) In Aachen stieg Sara... ein.
c) Wegen der vielen Autos war das Radfahren...

3 a) gewesen ; b) vorgeworfen ;
c) geschrieben ; d) gegessen ;
e) verkauft ; f) eingestiegen.

5 L'auxiliaire *werden*

1 *Futur* ➜ Ich werde, du wirst, er wird, wir werden, ihr werdet, sie werden warten.
Subjonctif II ➜ Ich würde, du würdest, er würde, wir würden, ihr würdet, sie würden warten.

2 a) Er ist groß (*ou comparatif* größer) geworden.
b) Du wirst rot.
c) Die Blätter werden gelb.
d) Es wird kalt.

3 a) Elle devient de plus en plus belle.
b) Il est grand temps que nous nous préparions.
c) Cela commence à bien faire (c'en est trop) !
d) Il ne reste plus grand-chose du gâteau.

4 a) Er wird nach Hamburg fahren und Fisch mitbringen.
b) Wenn er zurückkommt, werden wir ins Kino gehen. *(La subordonnée ne change pas.)*
c) Wir werden uns diesen Film ansehen, wenn du willst.
d) Morgen werde ich einkaufen gehen. Wirst du mitkommen ?

5 *Condition à l'indicatif* ➜ a) Wenn es regnet, nehme ich einen Schirm.
b) Wenn es warm ist, können wir...
c) Wenn ich Durst habe, trinke ich auch Tee.
d) Wenn du nach Deutschland fährst, machst du...
Hypothèse au subjonctif II ➜ a) Wenn es regnen würde, würde ich .... nehmen.
b) Wenn es warm wäre, könnten wir...
c) Wenn ich Durst hätte, würde ich auch Tee trinken.
d) Wenn du nach D..... fahren würdest, würdest du...
e) Wenn ich dieses Buch hätte, könnte ich es dir leihen.

Attention ! La dernière phrase ne peut être transformée qu'en hypothèse au subjonctif II. Les autres peuvent subir les deux transformations.

6 a) Si vous étiez arrivé(e) plus tôt, vous l'auriez croisé.
b) S'il n'était pas toujours aussi agité, il arriverait mieux à se concentrer.
c) Si vous nous aviez appelés, nous serions venus tout de suite.
d) Si seulement elle était un peu plus patiente !

7 a) Wenn du in die Stadt gehst, kauf mir bitte einen Kalender !
b) Wenn wir gute Freunde wären, würden wir uns öfter treffen.
c) Wenn ich ihn (*ou* sie) nicht kennengelernt hätte, wäre ich nicht in diese Stadt gekommen.

Vocabulaire

La rentrée. Début septembre, les vacances sont finies. C'est la rentrée. Jean-Yves est particulièrement content de retrouver le cours d'allemand. Il aime les langues. Dès le début de l'heure, le prof demande : « Qui a passé ses vacances en Allemagne ? » Jean-Yves est tout fier de lever le doigt : « J'ai passé un mois chez mon correspondant à Hanovre. » Le prof lui demande : « Qu'est-ce qui t'a frappé quand tu y étais ? – Toute la famille était très gentille – Mais ce n'est pas spécial à l'Allemagne », dit le prof. « Non, dit Jean-Yves, mais les familles de mes amis en France ne sont pas toujours aussi sympas. C'était peut-être un hasard. J'ai remarqué aussi que les piétons attendent que les feux passent au vert quand ils veulent traverser une rue. Et aussi que le soir, on mange souvent froid. Et la plupart du temps, on dîne assez tôt. – Tu sais bien employer le passif », lui dit le prof pour le féliciter. « Oui, dit Jean-Yves, j'ai remarqué qu'on l'utilise beaucoup. Et puis encore une chose : les Allemands parlent beaucoup d'environnement. Mon ami Stefan a fait un exposé sur l'environnement. – Dans quelle matière ? » demande le prof. « En instruction civique (*littéralement* : culture régionale) », répond Jean-Yves. « Tu nous en parleras peut-être bientôt », dit le prof. « D'accord, dit Jean-Yves, c'était très intéressant, mais il faut que je le prépare à l'avance. »

Richtig : b ; d ; f. **Falsch** : a ; c ; e ; g ; h.

test

1 a) Er wird sich ganz stolz melden.
b) Was wird dir auffallen ?
c) Sie werden zu Abend kalt essen.
d) Er wird ein Referat halten.

2 a) ... in der Schule ein Referat über...
b) ... einen ganzen Monat bei seinem deutschen Brieffreund...
c) Stefans Referat... für seine Klasse...
d) ... nach Deutschland, ... seinen Freund... freut er sich auf den Deutschunterricht...

3 a) Wenn die Ferien nicht vorbei wären, wäre ich in Deutschland geblieben.
b) In England wird auch früh zu Abend gegessen.
c) Wenn ich ein Referat halten will, muss ich mich darauf vorbereiten.

6 Le passif

1 *Présent* ➜ Ich werde, du wirst, er wird, wir werden, ihr werdet, sir werden vorgestellt.
Prétérit ➜ Ich wurde, du wurdest, er wurde, wir wurden, ihr wurdet, sie wurden vorgestellt.

2 a) Du bist eingeweiht worden / Du wirst eingeweiht werden.
b) Er ist getadelt worden / Er wird getadelt werden.
c) Sie ist entlassen worden / Sie wird entlassen werden.
d) Wir sind informiert worden / Wir werden informiert werden.
e) Es ist viel geraucht worden / Es wird viel geraucht werden.

3 a) Zu Weihnachten wird gesungen und am Silvesterabend wird getanzt.
b) Das Brot wird vom Bäcker gebacken.
c) Von wem ist das Brot gebacken worden ?
d) Eine Reise wird von der Schule organisiert werden.

4 a) Alle Lehrer gratulierten dem Schüler.
b) Der Wind hat den Baum niedergeschlagen.
c) Der neue Mechaniker wird das Auto erst nächste Woche reparieren.
d) Wer hat Sie operiert ?
e) Man darf diese Häuser nicht zerstören.

5 a) On a déjà écrit beaucoup de choses sur ce sujet.
b) On lui a tout pris.
c) Le dimanche, on ne travaille pas.
d) L'Allemagne a été réunifiée en 1990.

6 a) Ich bin von einer Freundin eingeladen worden.
b) In der Schule darf nicht geraucht werden.

Vocabulaire

Protection de l'environnement. C'est Jean-Yves qui parle : « En Allemagne, on trie les ordures chez la plupart des gens. Il n'y a pas qu'une poubelle, mais trois de différentes couleurs : bleu pour le papier, jaune pour le plastique, vert pour les déchets périssables. Il n'y a presque pas de boissons dans des bouteilles de plastique ; elles sont presque toujours vendues dans des bouteilles consignées. Les autres bouteilles, celles qui ne sont pas consignées sont collectées dans un conteneur spécial, puis recyclées. Notre société de consommation produit trop de déchets. Cela nuit à l'environnement. Les automobiles qui circulent empestent l'air avec leurs gaz d'échappement, surtout dans les grandes villes où la circulation est particulièrement dense. C'est pourquoi en Allemagne, toutes les voitures doivent avoir un catalyseur, et beaucoup d'automobilistes achètent de l'essence sans plomb. L'Allemagne est aussi un pays très industrialisé. Les déchets des usines sont toxiques pour l'eau. C'est la raison pour laquelle les entreprises sont obligées de se procurer des filtres anti-pollution. Le parti des Verts a beaucoup d'influence en Allemagne. Il veut supprimer l'énergie atomique. En France, 75 % de l'électricité sont produits dans des centrales nucléaires. »

a) Es gibt verschiedene Mülltonnen : eine blaue für Papier, eine gelbe für Plastik und eine grüne für Biomüll.
b) Das Altglas wird in speziellen Containers gesammelt und recyclet.
c) Weil die Abgase die Luft verpesten.
d) Die Industrie-Abfälle vergiften das Wasser.
e) Die Grünen wollen die Atomenergie abschaffen.

test

1 a) In Deutschland sortiert man den Müll. Man sammelt das Altglas in einem Container.
b) Man verkauft die Getränke nicht in Plastikflaschen, sondern in Glasflaschen. Die Pfandflaschen bringt man in die Geschäfte zurück.
c) Die Abgase verpesten die Luft. (Die) Industrieabfälle vergiften das Wasser.
d) Die Autofahrer schaffen Katalysatoren und die Unternehmen Emissionsfilter an.
e) Die Kernkraftwerke produzieren viel Elektrizität. Die Grünen wollen, dass man die Atomenergie abschafft.

2 a) Er ist von seinem deutschen Brieffreund eingeladen worden.
b) In Deutschland wird oft zu Abend kalt gegessen.
c) Wann wird die Wiedervereinigung gefeiert ?
d) Das muss den kleinen Kindern erklärt werden.
e) Wo wird das Altglas gesammelt ?

7 Les verbes de modalité

1 a) muss ; b) kann ; c) sollen ; d) kann... darf nicht ; e) will ; f) magst.

2 a) Petra hat ihren Pullover nicht finden können.
b) Ich habe .... auf den Bus warten müssen.
c) Paul hat seinem Großvater die Zeitung bringen sollen.
d) Die Kinder haben natürlich keinen Alkohol trinken dürfen.
e) Sie hat mir nicht sagen wollen, wie alt sie ist.

3 a) Du und Peter, könntet ihr mir helfen ? Ich muss meine Eltern anrufen.
b) Er will Geschenke aus Deutschland mitbringen.
c) Er hat sicher nicht böse sein wollen.

4 a) Je ne peux pas m'empêcher de rire quand elle parle de sa famille.
b) Mais pourquoi veux-tu qu'elle comprenne toujours tout tout de suite ? Elle ne peut pas toujours être la meilleure.
c) Quand on veut, on peut.
d) On ne peut pas faire autrement ?
e) Est-ce que je peux vous déranger un instant ?

5 a) Bald soll ein neuer Präsident von den Deutschen gewählt werden.
b) Das Auto kann nicht von meinem Bruder repariert werden.
c) Müssen die Mülleimer von Ihnen gereinigt werden ?
d) Der Stundenplan wird vom Direktor geändert werden.
e) Ein neues Thema sollte von der Lehrerin in den Unterricht eingeführt werden.
f) Es könnte eine Reise nach Berlin organisiert werden.
g) Was würde dein Vater sagen, wenn sein Auto von fremden Leuten kaputt gemacht würde ?

Vocabulaire

Les fringues. Petra a 14 ans la semaine prochaine. Sa mère lui demande : « Petra, qu'est-ce que tu voudrais pour ton anniversaire ? » Petra veut s'acheter de nouvelles fringues. Elle n'aime plus ses vêtements ; elle les trouve trop « bébé ». Ses pantalons et ses jupes sont trop petits, et ses pulls trop vieux. Il n'y a que les longs T-shirts qu'elle peut encore porter. Il lui faut également de nouveaux collants et une nouvelle paire de chaussures. Sa mère lui dit : « Il va falloir dépenser beaucoup d'argent ! Tu as tellement grandi tout d'un coup ! Est-ce que tu veux choisir tes vêtements toute seule ou est-ce que je peux venir avec toi ? – J'aimerais bien que tu viennes, mais dis-moi combien je peux dépenser et laisse-moi décider toute seule ce que je dois m'acheter. Je ne veux pas aller au "Kaufhof" (grand magasin) ; c'est trop vieillot. J'aimerais qu'on aille dans une boutique de mode pour les jeunes. Mon amie Claudia s'est acheté un pantalon super. – Comment est-il ? – Étroit et confortable, il fait une belle silhouette », répond Petra. Petra conduit sa mère dans quelques magasins dont elle a entendu parler. Dans le premier, sa mère trouve tout un peu vulgaire. Dans le deuxième, Petra aperçoit quelques pantalons et trois pulls qui lui plaisent. Elle ne sait pas s'ils lui vont ; il faut qu'elle les essaie. Chaque fois qu'elle a enfilé un nouveau pantalon et un nouveau pull, elle demande à sa mère s'ils lui vont bien. Tout lui va (*passen* pour la taille et *stehen* pour « aller bien »). Il faut maintenant qu'elle prenne une décision. Maman peut lui donner

corrigés

l'argent pour deux mais pas pour trois. Elle choisit un pantalon noir et un gris foncé et prend le pull noir et le pull jaune pour aller avec. Puis elles vont dans une boutique pour que Petra puisse se choisir une robe ou une jupe, et ensuite dans un magasin de chaussures. La vendeuse demande : « Vous chaussez du combien ? – Du 38, » répond Petra en montrant une paire de chaussures à grosses semelles avec des bandes élastiques.

➊ a) anprobieren ; b) entscheiden ; c) etwas altmodisch.

➋ *Mots qui désignent des vêtements* : Kleid, Hose, Rock, Schuh, Mantel, Hut, Jacke, Strumpf.

test

1 a) Weißt du, was sie zum Geburtstag möchte ?
b) Könntest du mir eine schwarze Strumpfhose kaufen ? Ich habe keine mehr.
c) Ihre Schuhe sind zu klein. Sie kann sie nicht mehr tragen.
d) Diese Hose gefällt mir sehr, aber ich weiß nicht, ob ich soviel Geld ausgeben darf.

2 a) ... daß ihre Mutter **mit**kommt,
... **sich** ...
b) Blau **steht** ihr gut.
c) ... **passen** mir nicht mehr ; ... ein neu**es** Paar.
d) In dies**em** ... ; ... in ein ander**es** Geschäft. ... **aus**geben.
e) ... **von** ... . mit ihr**er** Mutter hingehen.
f) Schuh**größe** 39.

8 Les prépositions

1 a) mit einer... ; b) zu dem... ; c) durch einen... ; d) gegen seinen... ; e) Außer dir... ins Kino... ; f) ohne ihn ins Kino... ; g) seit einem Monat...

2 a) in.... bei... ; b) aus... ; c) durch... ; d) vor... ; e) hinter... ; f) auf... unter... ; g) Nach...

3 a) Mit wem geht Petra einkaufen ?
b) Woran denkt Jean-Yves ?
c) Wovon erzählt er dem Lehrer ?
d) Woraus ist der Ring ?

4 a) damit ; b) an ihn ; c) dagegen ; d) dafür ; e) dafür.

5 a) Sie ist seit Dienstag krank. Hast du ein Mittel gegen Grippe ?
b) Leg das Buch auf den Tisch und komm her !
c) Im Nebel sieht man gar nichts.
d) Ich weiß, dass sie von den Ferien zurückgekommen ist, weil ich gestern bei ihr war.
e) Es ist ein großes Gebäude aus Metall und Glas.
f) Woher kommst du ? Wohin gehst du ? Was kannst du ? Worauf wartest du ?

Vocabulaire

L'Allemagne et l'Europe. Le prof d'allemand de Jean-Yves parle aujourd'hui de l'Allemagne. La République fédérale d'Allemagne se trouve au cœur de l'Europe. Elle est entourée par neuf États limitrophes : le Danemark au nord, les Pays-Bas, la Belgique, le Luxembourg et la France à l'ouest, la Suisse et l'Autriche au sud et la République tchèque et la Pologne à l'est. Après la Seconde Guerre mondiale, l'Allemagne a été divisée en quatre zones d'occupation par les Etats-Unis, la Grande-Bretagne, l'Union soviétique et la France. Tandis que les zones d'occupation occidentale créaient la République fédérale allemande autonome, la zone d'occupation soviétique se transformait en État communiste sous contrôle soviétique, avec des frontières rigoureusement surveillées. En novembre 1989, ces frontières furent supprimées. Le 3 octobre 1990, l'Allemagne fêta sa nouvelle unité. L'Allemagne est plus petite que la France et l'Espagne mais a davantage d'habitants. Elle compte plus de 80 millions d'habitants. Il y a plus de grandes villes en Allemagne qu'en France. Berlin, la capitale, compte 3,5 millions d'habitants, Hambourg 1,7 et Munich 1,2. Düsseldorf, Cologne, Francfort, Hannovre et Stuttgart ont plus de 500 000 habitants et beaucoup de villes en ont plus de 100 000. « Pourquoi l'Allemagne a-t-elle une telle densité de population ? » demande Jean-Yves. « Parce que l'Allemagne est un pays industriel. Elle fait partie des plus grands pays industriels du monde », répond le prof d'allemand. « Et sais-tu pourquoi l'Allemagne s'appelle *Bundesrepublik* ? » demande-t-il à son tour. « Oui, répond Jean-Yves très fier, c'est parce que c'est une république fédérale, c'est-à-dire qu'elle est composée de plusieurs *Länder* et que chaque *Land* est comme un petit État. *Bund*, c'est le mot allemand pour *fédération*. – Très bien, et combien de Länder y a-t-il ? – Seize. »

a) Dänemark, Belgien, Luxemburg, Frankreich, Österreich, Polen *et* Deutschland *sont employés sans article, mais leur genre est neutre : ils peuvent être remplacés par le pronom* **es**. Die Schweiz *est féminin et est toujours précédé de l'article ;* die BRD *et* die Sowjetunion *sont aussi féminins à cause des mots* Republik *et* Union. Die USA *et* die Niederlanden *sont des pluriels.*
b) Im November 1989 wurden die Grenzen zwischen Westdeutschland und Ostdeutschland abgeschafft.
c) Weil es eine Föderation aus sechzehn Ländern ist.

test

1 a) Hannover liegt in Niedersachsen und ist für seine Industrie-Messe berühmt.
b) Deutschland hat neun Nachbarländer.
c) Berlin hat dreieinhalb Millionen Einwohner. Das ist zweimal mehr als Hamburg (*ou* doppelt soviel wie Hamburg).

2 a) zu den großen Industrieländern.
b) zwischen...
c) im Herzen Europas... als... über... aus 16 Bundesländern.
d) nach dem Krieg in...

3 a) Beaucoup de voitures et de machines sont fabriquées en Allemagne et exportées vers d'autres pays.
b) Le ministère de l'Environnement est responsable de l'environnement.
c) Les forêts, les mers et les côtes sont des sites protégés. Il ne faut pas endommager la nature.

9 Les compléments de temps

1 a) am... im... in... ; b) vor... ; c) seit... ; d) im... in...

2 a) Ich lerne schon ein Jahr (*ou* seit einem Jahr) Deutsch.
b) Seit letztem Jahr.
c) Bis halb zwei.
d) Ich komme um zwei Uhr aus der Schule.
e) Ich treibe dreimal in der Woche Sport.

3 a) früher... heute (*ou* jetzt)...
b) übermorgen...
c) jetzt...
d) zuerst... dann...
e) gestern...

4 a) wenn... ; b) Als... ; c) wenn... ; d) Als... ; e) als... ; f) wenn...

5 a) Il faut beaucoup apprendre avant de pouvoir exercer un métier.
b) Maman veut que les enfants se lavent les dents deux fois par jour : le matin et le soir, avant d'aller se coucher.
c) Après avoir terminé son travail, elle est allée se promener.
d) Dans notre ville, les ordures sont enlevées tous les deux jours.

6 a) Er duscht, bevor er frühstückt (*ou* vor dem Frühstück).
b) Sie fand dieses Kleid zu lang, aber nachdem sie es anprobiert hatte, kaufte sie es.
c) Wenn ich müde bin, kann ich nicht mehr arbeiten.
d) Er ging aus dem Haus, als ich angekommen bin.
e) Lies zuerst den Text ; dann kannst du auf die Fragen antworten.

Vocabulaire

Le football et le sport. Aujourd'hui, Stefan va au terrain de foot. Il a mis ses tennis et emporte ses chaussures de foot. Il joue au foot toutes les semaines, parfois même deux fois par semaine. Il y a plusieurs équipes de foot dans son collège. Chaque samedi, une équipe joue contre l'équipe d'un autre collège. Stefan joue tour à tour comme gardien de but, libero ou avant-centre. Bien sûr, son équipe ne gagne pas chaque fois, mais aujourd'hui il se sent en forme et il veut gagner le match. Stefan sait que l'équipe nationale allemande a déjà gagné trois fois le championnat du monde. « Quand tu étais petit, tu voulais aussi devenir champion », lui dit sa mère, mais lui, il ne s'en souvient plus. Les Allemands font beaucoup de sport. Un Allemand sur quatre est membre d'une association sportive et des millions de gens font du sport sans faire partie d'une association. Les associations organisent des concours de course, de natation, de bicyclette, de marche à pied, d'équitation, etc. (*mot à mot* : et ainsi de suite). Avec plus de 5,6 millions d'adhérents, la Ligue de football allemande est la plus grande association sportive d'Allemagne. Stefan et sa soeur vont souvent nager ; en hiver dans la piscine couverte et en été dans la piscine découverte. Presque tous les établissements scolaires disposent d'un gymnase avec des équipements modernes où l'on peut s'entraîner à la gymnastique et à l'athlétisme. Petra aime bien s'entraîner à la barre fixe.

❶ *Adverbes* : heute, jetzt, oft.
Compléments à l'accusatif : jede Woche, jeden Samstag, nicht jedes Mal, dreimal (= drei Mal).
Groupes prépositionnels : im Winter, im Sommer.
Subordonnées : Als du klein warst.

❷ a) Turnhalle, Hallenbad, Freibad, Reck, Fußballplatz, Fußballschuhe.
b) Fußballspiel, Wettbewerb, Weltmeisterschaft, Leichtathletik.
c) Torwart, Libero, Mittelstürmer, Weltmeister, Fußballmannschaft.
d) Sportverein, Fußball-Bund.

test

1 a) Er spielt jede Woche Fußball, oft sogar zweimal in der Woche.
b) Nein, seine Mannschaft gewinnt nicht jedes Mal.
c) Nein, das wollte er, als er klein war.
d) In einer Turnhalle kann man Gymnastik und Leichtathletik trainieren.

2 a) Jeder vierte Deutsche gehört einem Sportverein.
b) Die verschiedenen Fußballvereine bilden den deutschen Fußball-Bund. Dieser zählt am meisten Mitglieder.
c) Bei einem... zwei Mannschaften... auf einem Fußballplatz.

3 a) Jeden Samstag geht sie ins Schwimmbad.
b) Sie hat seit drei Wochen (*ou* schon drei Wochen) kein Klavier mehr gespielt.
c) Als sie neun Jahre alt war, wollte sie Tänzerin werden.

10 Les compléments de lieu

1 a) Mutti setzt das Kind auf einen Stuhl.
b) Karl geht in sein Schlafzimmer.
c) Sophie schläft auf dem Sofa.
d) Sara kommt um drei Uhr am Bahnhof an.
e) Vati stellt den Wagen in die Garage.
f) Mein Freund fährt im Sommer nach Italien.
g) Das Mädchen versteckt sich hinter dem Baum.

2 a) Wo haben sie ein Ferienhaus ?
b) Wohin gehst du ?
c) Wohin ist sie gegangen ?
d) Wo steht deine Vase ?
e) Wohin fahrt ihr jeden Sonntag ?

3 a) Comme il est assis devant à gauche, il est toujours obligé de se tourner vers la droite quand il veut voir le prof.
b) Il faut prendre à gauche au prochain carrefour, puis la première à droite et vous verrez la poste.

4 a) zum... ; b) nach... ; c) in seinen Koffer... aus der Garage. ; d) auf dem... ; e) von... nach Hause...

5 a) dort... ; b) dazwischen... ; c) dorthin ! ; d) darin ? ; e) darauf... ; f) drüben... (*en face*).

6 a) Geh dorthin ! Komm hierher !
b) Ich habe einen Monat am Meer, eine Woche im Gebirge und einen Tag auf dem Land verbracht.

c) Wenn du nach Deutschland fährst, bring mir bitte Schwarzbrot mit ! Ich esse das gern.
d) In Hannover findet jedes Jahr eine große Messe statt, aber ich war noch nie dort (*ou* ich bin noch nie hingegangen).
e) Hinten im Raum steht ein großer Schrank.

Vocabulaire

Avalanches dans les Alpes (1ʳᵉ partie). *En février 1999, d'énormes avalanches ont détruit plusieurs villages et tué des douzaines de personnes. L'hebdomadaire* Stern *du jeudi 18 février raconte l'avalanche de Montroc.*

Raphaël à Montroc. C'est quelque part dans ce chaos que devait se trouver la maison des parents de Raphaël. Ici, au milieu de ce qui était le lotissement de Montroc, à l'est de la vallée de Chamonix. Le malheur s'est abattu dans la journée du mardi de la semaine dernière sur la vallée de Chamonix lorsque l'avalanche a englouti dix-sept chalets du lotissement et entraîné la mort d'au moins douze personnes. Raphaël avait essayé le matin même de partir pour l'école d'Argentière à sept heures et demie. Mais on ne pouvait pas passer ; la route de la vallée était coupée. À cause du risque d'avalanche. Les gens du village ont renvoyé chez lui ce jeune garçon qui n'avait peur de rien ; chez ses parents, chez son père Daniel, qui, en tant que pisteur, était responsable depuis vingt-cinq ans de la sécurité des skieurs dans le domaine des Grands Montets. Raphaël est un excellent skieur. Il a appris avec son père, qui lui a aussi expliqué cent fois comment se comporter si jamais il était pris dans une avalanche. Personne n'a pensé qu'une avalanche pourrait se produire sur le versant en face de Montroc. Un forêt avec des centaines de sapins de 15 à 20 mètres de haut constituait une protection naturelle pour le lotissement. On n'avait pas vu descendre d'avalanche de ce côté depuis quatre-vingt-onze ans.

❶ *Locatifs* : in diesem Chaos, irgendwo, hier (*3 fois*), inmitten der..., am östlichen Ende des Tals, unter sich, im Wintersportgebiet, am Hang gegenüber.
Directifs : über das Tal, in den Tod, in die Schule, ins Tal, nach Hause, zu seinen Eltern, zu seinem Vater, in eine Lawine.

❷ a) Sie lag am östlichen Ende des Tals von Chamonix.
b) Mindestens zwölf Menschen wurden in den Tod gerissen.
c) Er hatte ihm erklärt, wie man sich verhalten soll, wenn man in eine Lawine gerät.
d) Sie waren 15 bis 20 Meter hoch.

test

1 a) in (*ou* unter) der Lawine.
b) in der Siedlung...
c) in die... nach...
d) in den Bergen...
e) in die Berge... auf dem Land.

2 a) Die Straße ins Tal war wegen Lawinengefahr gesperrt.
b) Ich hoffe, dass du nie in eine Lawine gerätst.
c) Dem Dorf gegenüber liegt ein Wald mit Hunderten von Bäumen.
d) Inmitten der ehemaligen Siedlung steht jetzt ein Denkmal.
e) Seit einundneunzig Jahren hatte man hier keine Lawine mehr gesehen.

11 Infinitives et subordonnées

1 a) Es macht ihm Freude, den anderen zu helfen.
b) Er hat leider vergessen, die Konzertkarten zu kaufen.
c) Sie bittet ihre Eltern, mitzukommen.
d) Er glaubte, den Zug erreichen zu können.
e) Du hattest mir versprochen, früh aufzustehen und dein Zimmer aufzuräumen.

2 a) um... zu...
b) ohne... zu...
c) anstatt dem Lehrer zuzuhören.
d) ohne ... abzuschließen.
e) um .... zu...
f) anstatt... zu...

3 a) Ich habe einen Freund mitgebracht, den ich dem Lehrer vorstellen möchte.

b) Das ist ein Film, in dem die Spannung fehlt.
c) Viele Leute, mit denen ich darüber sprach, waren der gleichen Meinung.
d) Ich erinnere mich an den Tag, an dem das Unglück passierte.
e) Er hat sich eine neue Kamera gekauft, mit der er bessere Aufnahmen macht.

4 a) Ich weiß nicht...
a) ... wann die Ferien anfangen.
b) ... wohin dieser Zug fährt. (*Supprimer* denn)
c) ... was für einen Pulli sie sich gekauft hat.
d) ... von welchem Text der Lehrer gesprochen hat.
e) ... ob Mozart auch Sinfonien komponiert hat.

5 a) ... weil... ; b) Da... ; c) ... damit... ;
d) Als ... ; e) Nachdem (*ou* als) ; f) ... obwohl...

6 a) Ich werde sie nicht besuchen, ohne sie vorher anzurufen.
b) Raphaël konnte nicht in die Schule gehen, weil die Straße gesperrt war.
c) Obwohl das Wetter schön ist, bleibt er zu Hause, weil er arbeiten muss.

Vocabulaire

Avalanches dans les Alpes (2ᵉ partie). La mort blanche. Ils entendirent d'abord un grondement, puis les arbres qui se brisaient, puis ce fut le silence. En quelques secondes, des centaines de tonnes de neige dévalèrent la pente à 200 km à l'heure jusque dans la vallée, 700 m plus bas. C'était peu après 14 heures, au moment où la congère qui se trouvait au sommet croula sous son propre poids, entraînant les autres masses de neige dans sa course. « J'ai entendu une terrible détonation. Puis le vent est arrivé. On entendait les arbres tomber », dit le chef de l'hôtel Les Becs Rouges. Ça n'a duré que cinq secondes. Ensuite, il y a eu le vent et la neige qui volait. Puis le calme absolu. Lorsque les sauveteurs sont arrivés avec les chiens d'avalanche, tout le village était dévasté. Au bout de quelques heures, ils avaient sauvé quelques personnes, mais douze personnes avaient péri dans la neige. Les sauveteurs n'avaient toujours pas trouvé Raphaël. Vers 21 heures, quelqu'un a trouvé la télécommande de la télévision. C'est avec ça qu'un chien a pu retrouver la trace de Raphaël. Il était allongé à côté de sa mère ; elle était morte mais lui vivait encore, bien qu'il eût passé sept heures dans la neige. On a eu beaucoup de mal à le dégager. Le médecin d'urgence l'a enveloppé dans les blousons les plus chauds qu'il a pu trouver et l'a transporté à l'hôpital de Chamonix.

a) Man hört ein Grollern, ein furchtbares Donnern und zerbrechende Bäume.
b) Zweihundert Kilometer pro Stunde (*ou* 200 Stundenkilometer).
c) Nachdem jemand die Fernbedienung des Fernsehers im Schnee gefunden hatte, konnte ein Lawinenhund die Spur von Raphaël finden.
d) Weil er lange im Schnee gelegen hatte, und man musste ihn wärmen, damit er nicht vor Kälte stirbt.
e) Ins Krankenhaus.

test

1 a) ... **dass** Raphaël noch lebte, **weil** (*ou* da)...
b) ... **weil**...
c) ... **die** den Rettern helfen, **wenn**...
d) ... **mit der**...
e) ... **die**... **weil**...
f) ... **wie**..., **wenn**...

2 a) Er ist zu Hause geblieben, weil er nicht in die Schule gehen konnte (*ou* nicht in die Schule hat gehen können).
b) Obwohl er zu Hause geblieben ist, anstatt in die Schule zu gehen, ist er in eine Lawine geraten.
c) Weißt du, wie du dich verhalten sollst, wenn ein Unglück passiert ?
d) Ich denke, dass man die Polizei, die Feuerwehr oder wenigstens (*ou* mindestens) einen Arzt anrufen muss.
e) Es ist nicht leicht, Menschen im Schnee zu finden.

12 La rection du verbe

1 a) ... mit ihrer... ; b) ... über ihre... ; c) ... sie... ihrer... ; d) ... der... ; e) ... von ihren... ; f) den Schüler**n**... ; g) ... auf die...

2 a) ... was... ; b) ... ob... ; c) ... weil... ; d) wann... ; e) dass...

3 a) davon... ; b) darauf... ; c) davon... ; d) dafür... ; e) daran...

4 a) Il prit le sac lourd de la vieille dame pour l'aider à descendre du bus.
b) La partie de l'Allemagne qui était sous contrôle soviétique après la guerre s'est tranformée en État communiste.

5 a) Stefan holt seinen Freund am Bahnhof ab.
b) Jean-Yves bringt seiner Schwester ein Geschenk mit.
c) Jean-Yves hat sich an das Schwarzbrot gewöhnt.
d) Die BRD besteht aus 16 Ländern.
e) Die deutschen Schulen verfügen über moderne Turnhallen.
f) An eine Lawine hatte niemand gedacht.

6 a) Sie haben auf meinen Brief nicht geantwortet.
b) Wir verfügen über sehr modernes Material.
c) Freut er sich über das Geschenk, das wir ihm geschickt haben ?
d) Ich danke Ihnen sehr dafür, dass Sie mir den schweren Koffer getragen haben.
e) Ich hoffe, dass Sie ihn (danach) gefragt habt, wo er wohnt.
f) Darf ich dich um ein Glas Wasser bitten ?

Vocabulaire

Une lettre de Sara. Salut Jean-Yves ! Je te remercie de ta longue lettre. Moi aussi, j'ai beaucoup de choses à raconter. Comme tu vois, je suis à Hanovre en ce moment. J'habite chez ma tante. Il y avait le carnaval chez nous. Je me suis d'abord déguisée en eskimo pour le cortège, parce qu'il faisait froid dehors, lorsque nous avons défilé dans les rues avec nos costumes. Ensuite, nous avons dansé chez mon amie Claudia jusque tard dans la nuit. Là, j'ai enlevé mon manteau de four-rure et j'étais en indienne ; c'était plus confortable pour danser. On s'est bien amusé. Il y a actuellement beaucoup d'animation à Hanovre, parce que c'est bientôt la foire. Beaucoup d'industriels du monde entier se rencontrent à la foire et exposent leurs produits. En l'an 2000, il y aura à Hanovre une exposition internationale sur le thème « Homme, nature et technique ». Peut-être que je trouverai un job comme hôtesse ou comme interprète. J'ai quelque chose à te demander : j'ai l'intention d'aller en Bretagne cet été avec deux autres filles et un garçon. Nous pensons prendre le train jusqu'à Rennes, mettre nos vélos sur le train et à partir de Rennes, nous voulons faire du vélo en Bretagne. Bien sûr ce serait super si tu pouvais venir aussi, parce que notre français est encore très insuffisant.

Écris-moi bientôt ! Amitié, Sara.

Richtig : b, f ; **falsch** : a, c, d, e, g.

test

1 a) Sie hat sich zuerst als Eskimo, dann als Indianerin verkleidet.
b) Sie möchte einen Job als Hostess oder als Dolmetscherin bekommen.
c) Sie hat vor in die Bretagne zu fahren und dort Rad zu fahren. Sie erwartet von Jean-Yves, dass er mitkommt.
d) Sie wohnt bei ihrer Tante.

2 a) ... als... seinen... für...
b) als... in einem... Kranken...
c) ... in den Alpen... dort ...
d) ... von,.., dass...

3 a) Wenn ihr den Text nicht verstanden habt, stellt mir bitte Fragen !
b) Ich habe ihm meine Adresse gegeben, obwohl er mich nicht danach gefragt hat.
c) Ich hoffe Sie bald wiederzusehen.

guide grammatical

Verbes forts employés dans les séquences

Les verbes en caractères gras sont ceux qui se conjuguent toujours avec l'auxiliaire *sein*. Les verbes à préfixe ou à particule séparable se conjuguent comme les verbes simples à partir desquels ils sont formés (pour *auf*stehen* par exemple, voir *stehen*). Pour *empfehlen* et *gewinnen*, il n'y a pas de verbe simple. La 3e personne du singulier du présent est indiquée lorsque la voyelle du radical est infléchie.

Infinitif	3e pers. sing.	Prétérit	Participe II
backen		backte (fb)	gebacken (ft)
bieten		bot	geboten
bleiben		blieb	geblieben
brechen	bricht	brach	gebrochen
empfehlen	empfiehlt	empfahl	empfohlen
erschrecken	erschrickt	erschrak	erschrocken
essen	isst	aß	gegessen
fahren	fährt	fuhr	gefahren
fallen	fällt	fiel	gefallen
fangen	fängt	fing	gefangen
finden		fand	gefunden
geben	gibt	gab	gegeben
gehen		ging	gegangen
gewinnen		gewann	gewonnen
grabe	gräbt	grub	gegraben
halten	hält	hielt	gehalten
hängen		hing	gehangen
heißen		hieß	geheißen
helfen	hilft	half	geholfen
kommen		kam	gekommen
laden	lädt	lud	geladen
laufen	läuft	lief	gelaufen
leihen		lieh	geliehen
lesen	liest	las	gelesen
liegen		lag	gelegen
nehmen	nimmt	nahm	genommen
rufen		rief	gerufen
scheiden		schied	geschieden
schlafen	schläft	schlief	geschlafen
schließen		schloss	geschlossen
schreiben		schrieb	geschrieben
schwimmen		schwamm	geschwommen
sehen	sieht	sah	gesehen
sprechen	spricht	sprach	gesprochen
stechen	sticht	stach	gestochen
stehen		stand	gestanden
steigen		stieg	gestiegen
treten	tritt	trat	getreten
trinken		trank	getrunken
waschen	wäscht	wusch	gewaschen
werden	wird	wurde	geworden
werfen	wirft	warf	geworfen
ziehen		zog	gezogen
zwingen		zwang	gezwungen

Verbes faibles dont le radical se modifie

brennen	brannte	gebrannt
bringen	brachte	gebracht
denken	dachte	gedacht
kennen	kannte	gekannt
nennen	nannte	genannt
rennen	rannte	gerannt

Conjugaison des verbes auxiliaires

	Présent			Prétérit		
	sein	**werden**	**haben**	**sein**	**werden**	**haben**
ich	bin	werd**e**	habe	war	wurde	hatte
du	bist	wir**st**	ha**st**	war**st**	wurde**st**	hatte**st**
er (/sie/es)	ist	wird	hat	war	wurde	hatte
wlr	sind	werd**en**	habe**n**	war**en**	wurde**n**	hatte**n**
ihr	seid	werde**l**	ha**ht**	war**t**	wurdet	hatte**t**
sie (/Sie)	sind	werd**en**	habe**n**	war**en**	wurde**n**	hatte**n**

Remarques : Le verbe *sein* est entièrement irrégulier, le verbe *haben* est un verbe faible qui perd le *b* de son radical aux 2e et 3e personnes du singulier au présent ainsi qu'au prétérit, où le *t* est redoublé à cause de la marque *te* du prétérit des verbes faibles. Le verbe *werden* perd son *d* à la 2e personne du présent et ne prend pas de *t* à la 3e personne ; c'est le seul verbe fort qui ajoute un *e* à son radical au prétérit.

Conjugaison des verbes de modalité

Indicatif présent

	können	**dürfen**	**mögen**	**wollen**	**müssen**	**sollen**
ich	kann	darf	mag	will	muss	soll
du	kannst	darfst	magst	willst	musst	sollst
er/sie/es	kann	darf	mag	will	muss	soll
wir	können	dürfen	mögen	wollen	müssen	sollen
ihr	könnt	dürft	mögt	wollt	müsst	sollt
sie/Sie	können	dürfen	mögen	wollen	müssen	sollen

Prétérit : ich konnte, durfte, mochte, wollte, musste, sollte.
Subjonctif II : ich könnte, dürfte, möchte, wollte, müsste, sollte (la voyelle du radical de *wollen* et *sollen* n'est pas infléchie).

Déclinaison du groupe article + adjectif + nom

Les terminaisons fortes sont en caractères gras. Le signe Ø signifie absence de marque de cas ou absence de déterminatif à gauche de l'épithète.

	Masculin	Féminin	Neutre	Pluriel
N	der frische Kuchen einØ frischer Kuchen Ø frischer Kuchen	die frische Milch eine frische Milch Ø frische Milch	das frische Brot einØ frisches Brot Ø frisches Brot	die frischen Eier Ø frische Eier Ø frische Eier
A	den frischen Kuchen einen frischen Kuchen Ø frischen Kuchen	die frische Milch eine frische Milch Ø frische Milch	das frische Brot einØ frisches Brot Ø frisches Brot	die frischen Eier Ø frische Eier Ø frische Eier
D	dem frischen Kuchen einem frischen Kuchen Ø frischem Kuchen	der frischen Milch einer frischen Milch Ø frischer Milch	dem frischen Brot einem frischen Brot Ø frischem Brot	den frischen Eiern Ø frischen Eiern Ø frischen Eiern
G	des frischen Kuchens eines frischen Kuchens Ø frischen Kuchens	der frischen Milch einer frischen Milch Ø frischer Milch	des frischen Brots eines frischen Brots Ø frischen Brots	der frischen Eier Ø frischer Eier Ø frischer Eier.

Degrés de comparaison de l'adjectif

Comparatif d'égalité : *Du bist **so** alt **wie** ich.* (Tu as le même âge que moi.)

Comparatif d'inégalité : *Er ist **nicht so** alt **wie** wir.* (Il n'a pas le même âge que nous.)

Comparatif de supériorité (ou infériorité suivant le sens de l'adjectif) : *Er ist **äl**ter **als** du.* (Il est plus âgé que toi.) → L'adjectif prend la terminaison **-er** et est suivi de **als**.

Superlatif : *Er ist der **äl**test*e. (Il est le plus âgé.) *Das ist das schön**st**e Haus der Straße.* (C'est la plus belle maison de la rue.) → Terminaison **-st**.

Forme adverbiale : *Sie singt am schön**sten**.* (C'est elle qui chante le mieux.)

Au comparatif et au superlatif, **la voyelle des adjectifs monosyllabiques est souvent infléchie.**

Formes irrégulières : gut → **besser**, der **beste**, am **besten** ; viel →, **mehr**, die **meisten** (pl.), am **meisten** ; hoch → **höher**, der höchste ; nah → näher, der **nächste** ; groß → größer, der **größte**.

Remarque : comparez les superlatifs de *groß* et de *süß* (forme régulière → *der süßeste :* on intercale un **e** après le ß, comme après le **t** de *alt* par exemple).

Les particules séparables sont séparées des verbes par le signe / pour les verbes faibles et par le signe *pour les verbes forts. Les traductions correspondent aux emplois rencontrés dans cet ouvrage.

A

das Abenteuer (-)	l'aventure
die Abfahrt (en)	le départ
die Abfahrtszeit (en)	l'heure de départ.
der Abfall (¨e)	le déchet
das Abgas (e)	le gaz d'échappement
ab/holen	aller chercher quelqu'un
ab/schaffen	supprimer
*ab/schließen	fermer à clef
die Abteilung (en)	le rayon d'un grand magasin
abwechselnd	alternativement, tour à tour
altmodisch	démodé
an + datif + vorbei (+ verbe)	(passer) devant
*an/bieten	offrir, proposer
der Anfang (¨e)	le début
*an/fangen	commencer
an/haben	avoir (un vêtement) sur soi
*an/kommen	arriver
an/probieren	essayer (vêtement)
an/schaffen	se procurer, faire l'acquisition de…
*an/sprechen	aborder (quelqu'un)
der Arzt (¨e)	médecin
*auf/fallen	sauter aux yeux
*aus/sehen	avoir l'air
*aus/steigen	descendre (d'un véhicule)
aus/stellen	exposer
(sich etwas) aus/suchen	(se) choisir (qq chose)

B

der Bahnhof (¨e)	la gare
der Bahnsteig (e)	le quai (de gare)
sich beeilen	se dépêcher
befreien	libérer
*begraben	enfouir, enterrer
das Benzin	l'essence
die Besatzungszone	la zone d'occupation
besetzen	occuper
der Betrieb (sing.)	l'activité, l'animation

der Betrieb (e)	l'entreprise industrielle
die Bevölkerung	la population
die Bibel	la Bible
*bieten	offrir, proposer
bleifrei	sans plomb
brauchen (+ acc.)	avoir besoin de
das Brett (er)	la planche
der Brieffreund (e)	le correspondant
die Brieffreundin (nen)	la correspondante
die Brille (sing.)	les lunettes
der Bube (n)	le petit garçon
der Bund	la ligue, la fédération
Bundesbürger (-)	le citoyen allemand
der Bürger (-)	le citoyen

D

die Dankbarkeit	la reconnaissance
dicht	dense
die Dichte	la densité
der Donner	le tonnerre
donnern	tonner
*durch/kommen	passer (à travers un barrage)

E

ehemalig	ex-, ancien (qui n'existe plus)
der Einfluss (¨e)	l'influence
die Einheit	l'unité
*ein/steigen	monter dans (train, voiture)
die Einwegflasche (n)	la bouteille non consignée
der Einwohner (-)	l'habitant
einheimisch	autochtone
der Enkelsohn (¨e)	le petit-fils
die Enkeltochter (¨)	la petite-fille
die Enkelkinder	les petits-enfants
*(sich) entscheiden	(se) décider
(sich) entschuldigen	(s') excuser
(sich) entwickeln	(se) développer
*erfahren	apprendre (une nouvelle)

lexique

(sich) erinnern an + *acc.*   (se) rappeler qqch, se souvenir de...
(sich) erkälten   s'enrhumer
erkältet sein   être enrhumé
(sich) erkundigen nach...   (se) renseigner
erschrocken (*part. II*)   effrayé
*erschrecken   avoir peur
erzählen   raconter
die Ewigkeit   l'éternité

F

das Fach (¨er)   la matière (scolaire)
der Fahrplan (¨e)   l'horaire
das Fahrrad (¨er)   le vélo
der Fahrschein (e)   le billet
die Fastnacht   Mardi gras
die Fernbedienung   la télécommande
Fernsehen schauen
(*ou* *fern/sehen*)   regarder la télévision
der Fernseher (-)   le poste de télévision
die Figur (en)   la silhouette
die Frechheit   l'insolence
das Freibad (¨er)   la piscine en plein air
(sich) freuen   être content
die Freundschaft (en)   l'amitié
fühlen   sentir
der Fußgänger (-)   le piéton

G

ganz   entier, entièrement
das Gebiet (e)   le domaine
die Gefahr (en)   le danger
gebrauchen   utiliser
die Geduld   la patience
gegenüber (+ *datif*)   en face de
gelangen (+ *directif*)   arriver jusqu'à
der Geldschein (e)   le billet de banque
gemütlich   confortable (ambiance)
das Gepäckfach (¨er)   le casier à bagages
die Geschäftsreise (n)   le voyage d'affaires
das Geschenk (e)   le cadeau
geschwind   rapide
die Geschwindigkeit   la vitesse
die Gesellschaft (en)   la société
das Getränk (e)   la boisson
das Gewicht   le poids

*gewinnen   gagner
das Glas (¨er)   le verre
die Größe (n)   la taille (grandeur)
das Gummi   élastique (caoutchouc)
das Gymnasium (Gymnasien)   le lycée

H

das Hallenbad (¨er)   la piscine couverte
der Hang (¨e)   le versant
die Hausaufgabe (n)   le devoir à la maison
der Haushalt (e)   le ménage, le foyer
hören von   entendre parler de
die Hose (n)   le pantalon
der Hund (e)   le chien

K

kaum   à peine, guère (*négation*)
das Kernkraftwerk (e)   la centrale nucléaire
kennen lernen (+ *acc.*)   faire la connaissance de...
kindlich   puéril
die Klamotte (n)   la fringue
das Keid   la robe
die Kleider (pluriel)   les vêtements
der Koffer (-)   la valise
das Komma   la virgule
der Konsum   la consommation
kontaktfreudig   sociable

L

die Landeskunde   l'instruction civique
die Landschaft (en)   le paysage
die Lawine (n)   l'avalanche
das Lieblingsfach (¨er)   la matière préférée
loben   féliciter
lustig   drôle

M

die Mannschaft (en)   l'équipe
mangelhaft   insuffisant
meistens   la plupart du temps
die Meisterschaft (en)   le championnat

(sich) melden	(se) signaler
	➜ lever le doigt
die Messe (n)	la foire
*mit/bringen	rapporter
das Mitglied (er)	le membre (d'un groupe)
der Mittelstürmer (-)	l'avant-centre (foot)
*mit/nehmen	emporter
der Müll (*sing. coll.*)	les ordures
die Mülltüte (n)	le sac poubelle

N

der Nachbar (n)	le voisin
nach/prüfen	vérifier
neugierig	curieux
neulich	récemment
der Norden	le Nord
die Not	la détresse

O

der Osten	l'Est
östlich (*adj. ou adv.*)	à l'est, de l'Est

P

das Paar (e)	la paire, le couple
ein paar	quelques
passen	aller (être à la bonne taille)
der Pelzmantel (¨)	le manteau de fourrure
die Pfandflasche (n)	la bouteille consignée
das Pferd (e)	le cheval

R

Rad *fahren	faire du vélo
das Reck (e)	la barre fixe
das Referat (e)	l'exposé
reichen	tendre (qqch à qq'un)
retten	sauver
der Retter (-)	le sauveteur
der Rock (¨e)	la jupe
der Rollschuh (e)	le patin à roulettes
die Rückfahrt (en)	le (voyage de) retour
die Ruhe	le calme

S

die Sachen (*pl.*)	les affaires
sammeln	collecter, collectionner
der Schäferhund (e)	chien de berger
der Schalter (-)	le guichet
schmecken	avoir du goût (aliment)
schüchtern	timide
der Schuh (e)	la chaussure
der Schutz	la protection
schwer	lourd
das Schwimmbad (¨er)	la piscine
*schwimmen	nager
die Sicherheit	la sécurité
die Siedlung (en)	le lotissement
die Sohle (n)	la semelle
der Spatz (en)	le moineau
sperren	fermer (faire barrage)
der Sportschuh (e)	la chaussure de sport
der Staat (en)	l'État
stammen (aus…)	être originaire (de…)
*statt/finden	avoir lieu
stehen (+ *datif*)	aller bien à quelqu'un
streng	sévère
stricken	tricoter
die Stunde (n)	l'heure (qui passe)
der Süden	le Sud
die Süßigkeit (en)	la sucrerie

T

das Tal (¨er)	la vallée
die Tanne (n)	le sapin
das Taschengeld	l'argent de poche
teuer	cher
tief	profond
die Tiefe	la profondeur
der Torwart	le gardien de but
tot	mort
die Turnhalle (n)	le gymnase
turnen	faire de la gymnastique

U

überqueren	traverser
überwachen	surveiller
die Umwelt	l'environnement
der Umweltschutz	la protection de l'environnement

lexique

un-	*préfixe de négation*
unangenehm	désagréable
unerschrocken	qui n'a pas peur
*sich unterhalten	discuter
das Unternehmen (-)	l'entreprise
der Unterricht	l'enseignement
die Unterrichtsstunde (n)	le cours

V

verantwortlich (für)	responsable (de...)
der Verein (e)	l'association
verfügen über (+ *acc.*)	disposer de...
vergiften	empoisonner, intoxiquer
sich *verhalten	se comporter
(sich) verkleiden als...	(se) déguiser en...
vernichten	anéantir
verpesten	empester, polluer
versuchen	essayer
verwüsten	dévaster
von + *substantif* + aus	à partir de...
(sich) vor/bereiten auf + *acc.*	(se) préparer à
*verbringen	passer (du temps)
die Verkehrsampel (n)	le feu rouge
verwundert	étonné
vieles	beaucoup de choses

der Vorname (n)	le prénom
*vor/werfen	reprocher

W

die Welt (en)	le monde
die Weltmeisterschaft (en)	le championnat international
der Westen	l'Ouest
der Wettbewerb (e)	le concours
das Wochenende (n)	le week-end
die Wochenzeitschrift (en)	la revue hebdomadaire

Z

zahlen	payer
der Zahn (¨e)	la dent
die Zeitschrift (en)	la revue, le magazine
die Zeitung (en)	le journal
*zerbrechen	se briser
zu/hören (+ *dat.*)	écouter
*zusammen/brechen	s'écrouler, s'effondrer
der Zug (¨e)	le train, le cortège
zuständig (für...)	compétent
zwar... aber...	certes... mais
*zwingen	obliger, forcer

Conception graphique :
couverture : Alerte orange
intérieur : Jean-Pierre Jauneau

Suivi éditorial : Odile Gandon
avec la collaboration de Catherine Picard
Coordination artistique : Thierry Méléard
Fabrication : Jacques Lannoy

Imprimerie IFC. 18 390 St-Germain-du-Puy
N° d'édition : 10077037- (II) - 8 - OSBM 80 - CGI
Dépot Légal Juin 2000 N° imprimeur 00/436